Anonyme Paare in Genesung

Schritte zur Liebe

Ein 12-Schritte-Leitfaden
für Paare in Genesung

Ein Paar, das seit vielen Jahren
aktives Mitglied bei RCA ist,
teilt seine Erfahrung, Kraft und Hoffnung.

RCA

Erste Ausgabe, Juli 2009
Autoren: Diane und Glenn A.
Herausgeber: World Service Organization for Recovering Couples
Anonymous, Inc., 15 Sea Bridge Way, Alameda, CA 94502 U.S.A.
E-Mail: info@rca-wso.info
Website: http://www.recovering-couples.org

Übersetzung ins Deutsche: Übersetzungsteam der deutschen
RCA-Gemeinschaft
Erschienen im Verlag tredition GmbH,
Halenreie 40-44, 22359 Hamburg
978-3-347-39890-0 (Paperback)
978-3-347-39891-7 (e-Book)

Umschlaggestaltung und Design: Diane and Glenn A.

Übersetzung der vom WSO-Kuratorium genehmigten RCA-Literatur

Inhalt

VORWORT

Mit Freude präsentieren wir diesen neuen Leitfaden all den Paaren, die ihre Liebe durch gemeinsame 12-Schritte-Arbeit verstärken möchten. Als Gemeinschaft für Paare in Genesung setzen wir uns dafür ein, dass gesunde Kommunikation, Verbindlichkeit und Fürsorge in unseren Beziehungen wiederhergestellt werden. Indem wir dies tun, wächst unsere Freude und Intimität mit unserem Partner.

Das grundlegende Werkzeug unserer Gemeinschaft besteht darin, die 12 Schritte gemeinsam als Paar zu arbeiten. Das Blaue Buch unserer Gemeinschaft, *Anonyme Paare in Genesung*, bietet für diese Arbeit einen grundlegenden Leitfaden.

Dieses neue Buch bietet eine weitere Möglichkeit, die Schritte als Paar gemeinsam zu arbeiten. Die Schritte zu arbeiten ist ein lebenslanger Prozess. Jedes Mal, wenn wir die Schritte arbeiten, lernt jeder von uns etwas Neues und stärkt so unsere Beziehung. Wir hoffen, dass dieser neue Leitfaden für euch als Paar im lebenslangen Prozess der gemeinsamen Schritte-Arbeit hilfreich ist.

Wir möchten Diane und Glenn dafür danken, dass sie uns diesen Leitfaden zur Verfügung gestellt haben. Indem sie ihre eigene Erfahrung, Kraft und Hoffnung teilen, haben sie unserer Gemeinschaft geholfen, die Botschaft der Paargenesung an andere Paare weiterzugeben.

Wir ermutigen alle Paare, gemeinsam die 12 Schritte zu arbeiten, um der Liebe Schritt für Schritt näherzukommen.

Das Kuratorium
der Weltdienstorganisation (WSO)
der Recovering Couples Anonymous, Inc.
Juni 2009

VORWORT DER ÜBERSETZER

Dankbar stellen wir euch hier das RCA Schritte-Arbeitsbuch in deutscher Sprache vor.

Wir folgten bei der Übersetzung dem Ziel, original-treu zu bleiben und einen verständlichen, gut lesbaren deutschen Text zu erhalten.

Nach langem Abwägen haben wir uns dazu entschlossen, zu Gunsten von Verständlichkeit und Lesbarkeit auf die geschlechterspezifische Schreibweise zu verzichten. Anstelle von „Partner bzw. Partnerin" haben wir es bei „Partner" belassen in dem Verständnis, dass es sich um den „Menschen an meiner Seite" handelt und der Partner sowohl männlich wie auch weiblich sein kann.

Dieses Buch ist ein wahrer Segen für alle Paare, die nach Genesung streben. Wir – das Übersetzungsteam – haben es mit unserem Sponsorpaar als auch unseren Sponseepaaren mehr als einmal benutzt, um die Schritte zu arbeiten. Wir empfehlen es sehr. Wir sind dankbar und froh, dass wir dieses Buch für die deutschsprachige RCA-Gemeinschaft übersetzen durften. Dienst ist Genesung – das hat sich für uns einmal mehr bewahrheitet.

Wir möchten an dieser Stelle auch dem RCA Paar danken, das mit seinem großen Engagement den englischen Originaltext erstellt und publiziert hat. Möge dieses Buch euch als Paar auf eurer Genesungs-Reise helfen.

Euer RCA Übersetzungs-Team

EINLEITUNG

Es kann keinen ehrlichen Bericht über den 12-SCHRITTE-GENE-SUNGSWEG geben, ohne zuerst Dr. Bob, Bill W. und den anderen Pionieren der Anonymen Alkoholiker (AA) Ehre zu erweisen. Sie waren die ersten, die aus vielen verschiedenen spirituellen Quellen das Beste zusammengetragen haben. Sie brachten ihre Erkenntnisse in eine logische Reihenfolge und verfeinerten sie zu der Form, die wir heute als die 12 Schritte kennen. Die 12 Schritte der AA und der Erfolg dieses Werkzeugs haben viele Alkoholiker aus Krankheit und Verzweiflung zu Gesundheit und einem guten Leben geführt.

Im Jahr 1991, an einem Punkt, an dem in unserer Beziehung alles verloren schien, geschah ein Wunder und es gab einen dramatischen Wendepunkt in unserer Beziehung. Unsere Paarbeziehung, die völlig hoffnungslos und tot schien, erlebte einen wundervollen Neubeginn, der zu einem neuen, liebevollen, andauernden Abenteuer führte. Der Phönix unserer Beziehung stieg neugeboren aus der Asche. Die Richtung und die Energie für unseren Sinnes- und Herzenswandel bekamen wir durch die 12 Schritte, welche für die Genesung von Beziehungen angepasst wurden, sowie die Gründung von Recovering Couples Anonymous (Anonyme Paare in Genesung).

Es besteht für uns kein Zweifel, dass wir durch göttliches Eingreifen oder göttlichen „Zufall" in diese wunderbaren zwölf Anweisungen eingeführt wurden. Wir beide verstehen jetzt die Größe dieses Geschenks, seinen unfassbaren Wert und wir empfinden eine tiefe und anhaltende Dankbarkeit für unser Glück.

Damals gab es weltweit nur fünf RCA-Gruppen und die Literatur bestand aus einem schlichten weißen Umschlag mit dem Poststempel von Golden Valley, Minnesota. Der Umschlag enthielt mehrere kopierte, maschinengeschriebene Seiten. Eine dieser Seiten enthielt die 12 Schritte dieses neuen Programms namens Recovering Couples Anonymous. Es war diese Liste der Anweisungen – zwölf nummerierte Sätze – auf die wir unser ganzes Leben lang gewartet hatten. Und sie wurde uns in unserer verzweifeltsten Stunde der Not zugestellt. Heute erscheint diese Liste natürlich so einfach, aber damals war sie der Schlüssel zur Beruhigung der wütenden See, die unsere Beziehung und unser Leben zu verschlingen drohte.

Zu dieser Zeit hatten wir bereits beschlossen uns scheiden zu lassen, aber wir kamen überein, diese Entscheidung auf Eis zu legen. Wir haben uns beide für das 12-Schritte-Programm von RCA entschieden und wollten die Schritte so schnell und so ehrlich wie möglich bearbeiten. Da es in RCA anfänglich keinen Leitfaden für die Schritte gab, basierte unsere 12-Schritte-Arbeit auf dem Materiel anderer 12-Schritte Gemeinschaften, das wir fanden und an RCA anpassten sowie auf bestehende therapeutische Praktiken.

Das nächstgelegene Meeting war über 600 Meilen entfernt. Da wir wussten, dass wir auf jeden Fall jemanden brauchten, der uns auf diesem neuen Weg Halt geben könnte, baten wir ein anderes Paar, das am Rande des Abgrunds stand, sich mit uns auf eine Paarreise mit diesem neuen Prozess zu begeben. Wir alle kamen überein, uns einmal pro Woche zu treffen, um zu besprechen, wie wir den Anweisungen bzw. den 12 Schritten folgen wollen, die auf diesem kostbaren Stück Papier standen. Dies war der Beginn der sechsten RCA-Gruppe.

Als die Gruppe wuchs, baten uns immer mehr Paare, sie zu sponsern. Da es damals keine RCA-Literatur gab, die wir als Leitfaden verwenden konnten, begannen wir, auf der Grundlage unseres Wissens und unserer Erfahrungen einen eigenen Leitfaden zu entwickeln.

Als Resultat unseres gemeinsamen Gebets und unserer Meditation, in der wir – wie es der 11. Schritt empfiehlt – um Führung durch unsere Höhere Macht baten, wurde uns klar, dass unsere Erfahrung mit der Heilung unserer Beziehung einem höheren Zweck dienen müsse. Dieser Zweck war, unser Wissen aufzuschreiben, um es anderen zur Verfügung zu stellen. Nach jahrelanger Arbeit mit Paaren als Sponsoren und Mentoren und der Entwicklung eines Schritte-Leitfadens haben wir unsere

Erfahrung, Kraft und Hoffnung in dieses Buch einfließen lassen. Für uns ist dieses Buch nicht nur ein Leitfaden für andere, sondern auch unsere eigene Genesungsgeschichte.

Während ihr dieses Buch lest und durcharbeitet, solltet ihr wissen: genau wie es „viele Wege nach Rom" gibt, so gibt es auch viele Wege, die 12 Schritte von RCA zu erarbeiten. Dies ist nicht **DER** Weg, sondern **EIN** Weg. Wir bitten nur darum, dass ihr einen offenen Geist bewahrt und den Weg findet, der für euch und eure Paarbeziehung am besten funktioniert. Seid furchtlos. Seid gründlich. Und vor allem, liebt euch selbst und liebt einander.

Zwölf-Schritte-Programme werden als spirituelle Programme betrachtet und RCA ist da keine Ausnahme. Das Wort „Gott" findet sich in diesem Buch ebenso wie die Worte „Höhere Macht" und „Schöpfer". Wir verwenden diese Worte synonym.

Es ist uns ein Anliegen, etwas über unsere Wahl der Verwendung von Pronomen (Fürwörtern) in diesem Buch zu erwähnen. Ein gängiger Stil wäre, „du" zu verwenden, wenn wir dich, den Leser, ansprechen, und „wir", wenn wir uns, die Autoren, meinen. Für uns könnte sich diese Wortwahl so anfühlen, als wären wir, die Autoren, Profis oder Experten, die anderen sagen, wie sie die Arbeit machen sollen. In Wahrheit sind wir auch ein Paar in Genesung und es war uns ein Bedürfnis, uns selber jedes Mal, wenn eine Situation angesprochen wird, in das universellere „wir" einzuschließen. Du wirst „unser" anstelle von „eure" und andere ähnliche Wortverwendungen finden. Sowohl ihr als auch wir, die Autoren, befinden uns alle gemeinsam auf dieser abenteuerlichen Reise. Das „wir" schließt diejenigen ein, die diese Arbeit schon vorher gemacht haben, „wir", die die Arbeitsweise erklären, so als ob wir in einem Kreis sitzen und zusammen arbeiten und „wir", die jetzt tatsächlich die Arbeit aus dem Buch machen. Wir benutzen „ihr" und „euer", das euch von uns unterscheidet, nur dann, wenn wir es für die Klarheit als notwendig erachten.

Wir möchten die Quellen würdigen, ohne jene dieses Buch nicht möglich wäre. Das ursprüngliche 12-Schritte-Programm von AA hat uns den Weg gewiesen und als die Anonymen Alkoholiker in ihrem Zwölften Schritt vorschlugen, dass wir „diese Prinzipien in all unseren Angelegenheiten praktizieren", haben wir sie beim Wort genommen. Wir sind auch ausgesprochen dankbar für die Arbeit der beiden RCA-Gründungs Gruppen: die Aktivitäten in Golden Valley, Minnesota, die den Weg wiesen, und die AA-Pärchengruppen in Oakland, Kalifornien, die sich in der jungen RCA-Bewegung zusammenschlossen. Und natürlich besteht jede Bewegung aus Menschen, und in diesem Fall aus Paaren, die furchtlos nach RCA gegriffen haben, für ihre eigenen Wunder gearbeitet haben und dem Programm auf so viele Arten gedient haben. Und ein besonders herzlicher Dank geht an die RCA-Gemeinschaft und die betrauten Leiter/Diener die dieses Buch als ein Werkzeug der Paarheilung möglich machen.

In tiefer Dankbarkeit,
Diane und Glenn A.

WIE DIESES BUCH
ZU BENUTZEN IST

So wie es zahlreiche Möglichkeiten für die Arbeit mit den 12 Schritten gibt, gibt es auch zahlreiche Möglichkeiten mit diesem Buch zu arbeiten. Dieses Buch will Paaren, die an der Genesung ihrer Beziehung arbeiten, eine schrittweise Herangehensweise vorstellen, einen genauen Leitfaden an die Hand geben, der konkrete Methoden aufzeigt, die bei anderen Paaren funktioniert haben.

Man mag sich einen „einfacheren, bequemeren Weg" wünschen, aber um eine unglückliche, verzweifelte Beziehung in eine glückliche und gesunde Beziehung umzuwandeln, ist viel persönliche Arbeit erforderlich. Damit die Versprechen der Schritte wahr werden, braucht es den vollen Einsatz und viel Engagement, ganz gleich, wie diese Schritte dargestellt werden. Schritte-Arbeit ist Schritte-Arbeit.

Ein RCA-Sponsorpaar ist ein wesentlicher Bestandteil dieses Schritte-Prozesses. Wenn euer Sponsorpaar dieses Buch nicht kennt, sondern die Schritte auf andere Weise gearbeitet hat, empfehlen wir euch, sie zu fragen, ob sie bereit wären, sich mit diesem Buch vertraut zu machen, damit ihr als Genesungsteam alle am gleichen Strang zieht.

Für den Einstieg in die Arbeit mit diesem Buch ist es gut, zuerst ein ganzes Kapitel und dann die dazugehörigen Arbeitsschritte durchzulesen, so dass klar wird, um welche Informationen es genau geht. Danach lest das Kapitel noch einmal durch und beantwortet die Fragen der Arbeitsschritte schriftlich. Einige Sätze und Passagen des Buches, insbesondere in Schritt 4, sind fett gedruckt. Wenn ihr diese fett gedruckten Stellen seht, weist das normalerweise auf eine Aktion hin, die in den Arbeitsschritten des Kapitels speziell aufgerufen wird.

Das Buch arbeitet mit offenen Antworten und so werdet ihr Zwei höchstwahrscheinlich sehr unterschiedliche persönliche Prozesse haben. Einige werden sehr lange und detaillierte Antworten schreiben, während andere sehr kurz und prägnant antworten werden. Einige werden äußere Probleme mit einbringen, andere nicht. Kein Weg ist besser als der andere. Eure Schritte-Arbeit wird höchstwahrscheinlich eure Arbeitsweise in allen anderen Lebensbereichen widerspiegeln. Die Art und Weise, wie dein Partner die Schritte-Arbeit macht, zu akzeptieren, gehört zu dieser Reise.

Wir empfehlen außerdem, dass ihr vor Beginn der Schritte-Arbeit den **ANHANG A** am Ende dieses Buches lest. Die darin aufgeführten Leitlinien sind fester Bestandteil der Kapitel-Arbeitsschritte für jeden Schritt.

Macht euch auf jeden Fall persönliche Rituale, z. B. den Anfang und das Beenden eines jeden Meetings mit einem Gebet oder dem Lesen des Sicherheits-Leitfadens aus der RCA-Literatur. Benutzt gerne andere verfügbare RCA-Literatur sowie anderes hilfreiches Material.

ANHANG E am Ende dieses Buches enthält eine Vereinbarung, einen **Mustervertrag für Paar-Schritte-Arbeit**, der euch beiden Halt geben soll um an der gemeinsamen Genesung weiter zu arbeiten und in dem ihr euch gegenseitig diese Absicht bekräftigt. Wir empfehlen, diese Vereinbarung abzuschließen, *bevor* ihr mit der Arbeit an den Schritten beginnt.

Wir hoffen, dass dieses Buch ein wertvolles Werkzeug ist, um eure Beziehung zu heilen. Unsere Gebete begleiten euch, während ihr euch auf dieses lebensverändernde Abenteuer begebt.

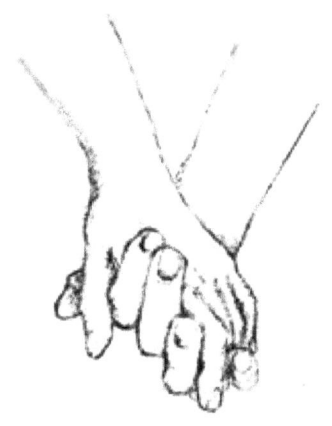

DIE 12 SCHRITTE VON RCA[1]

1. Wir gaben zu, dass wir unserer Beziehung gegenüber machtlos sind – und unser gemeinsames Leben nicht mehr meistern konnten.

2. Wir kamen zu dem Glauben, dass eine Macht größer als wir selbst, uns unsere Verbindlichkeit und Intimität wiedergeben kann.

3. Wir fassten den Entschluss, unsere Willen und unser gemeinsames Leben der Fürsorge Gottes, so wie wir Gott verstanden, anzuvertrauen.

4. Wir machten gemeinsam eine gründliche und furchtlose Inventur von unserer Paarbeziehung.

5. Wir gaben Gott, einander und einem anderen Paar gegenüber die genaue Art unserer Fehler zu.

6. Wir waren völlig bereit, all diese Fehler des Charakters, der Kommunikation und der Fürsorge von Gott beseitigen zu lassen.

7. Demütig baten wir Gott, unsere Mängel von uns zu nehmen.

8. Wir machten eine Liste aller Personen, denen wir Schaden zugefügt hatten und wurden bereit, ihn bei allen wieder gutzumachen.

9. Wir machten bei diesen Menschen alles wieder gut – wo immer es möglich war – es sei denn, wir hätten dadurch sie oder andere verletzt.

10. Wir setzten die Inventur bei uns fort und wenn wir Unrecht hatten, gaben wir es sofort zu – gegenüber unserem Partner und anderen, die wir verletzt hatten.

11. Wir suchten durch gemeinsames Gebet und Meditation die bewusste Verbindung zu Gott – wie wir Gott verstanden – zu vertiefen. Wir baten nur darum, uns Gottes Willen erkennbar werden zu lassen und um die Kraft, diesen auszuführen.

12. Nachdem wir durch diese Schritte ein spirituelles Erwachen erlebt hatten, versuchten wir, diese Botschaft an andere Paare weiter zu geben und diese Grundsätze auf alle Aspekte unseres Lebens, unserer Beziehung und unserer Familien anzuwenden.

Die Zwölf Schritte von RCA wurden aus den Zwölf Schritten der Anonymen Alkoholiker adaptiert. Die Erlaubnis, die Zwölf Schritte der Anonymen Alkoholiker für die Anpassung zu verwenden, wurde von AA World Services, Inc. erteilt.

DIE VERLEUGNUNG DURCHBRECHEN

*Das kuriose Paradox ist: wenn ich
mich selbst akzeptiere,
genauso wie ich bin,
dann kann ich mich ändern.*

CARL ROGERS, PSCHYCHOTHERAPEUT

WIR SIND ÜBERZEUGT, DASS IHR DIESES BUCH nicht zufällig zur Hand genommen habt und begonnen habt, darin zu lesen. Es gibt eine höhere Ursache für das, was ihr jetzt macht und was ihr ab jetzt machen könnt.

Eine Geschichte besagt, dass ein frommer Mann sah, wie der Fluss vor seinem Haus kräftig anschwoll und das Wasser seinem Haus immer näher kam. Er betete um Gottes Hilfe. Während das Wasser weiter anstieg, kam ein Lastwagen vorbei, hielt hinter dem Haus an und der Fahrer fragte, ob er ihn mitnehmen könne, da die Flut zunehmen und die Straße sicher gesperrt würde. Der Mann erwiderte: „Nein, danke – Gott wird mich retten." Es dauerte nicht lange, da waren Ufer und Straße überflutet, das Wasser reichte schon bis zum Vordach über der Eingangstüre, auf das der Mann sich gerettet hatte. Ein Rettungsboot kam vorbei und er wurde aufgefordert, mitzukommen. Er sagte wieder: „Nein, danke – Gott wird mich retten." Das Wasser stieg weiter an bis der Mann auf den höchsten Punkt seines Daches flüchtete; das Wasser war nur wenige Zentimeter von seinen Füßen entfernt. Nun flog ein Hubschrauber über sein Haus und ließ ein Rettungsseil herab. Der Mann lehnte auch das ab und sagte: „Nein, danke – Gott wird mich retten." Der Hubschrauber flog weiter und der Mann wurde von den Fluten mitgerissen und ertrank. Als er an der Himmelspforte ankam und Gott erblickte, fragte er: „Gott, ich habe dich gebeten, mich zu retten, doch Du hast mich ertrinken lassen. Warum nur, warum, warum?" Gott antwortete dem Mann: „Ich habe an deinem Ertrinken keine Schuld; ICH war derjenige, der dir einen Lastwagen, ein Boot und einen Hubschrauber geschickt hat!"

Nachdem ihr diese Geschichte gelesen habt, könntet ihr überlegen, ob diese RCA-Schritte nicht der Lastwagen, das Rettungsboot und der Hubschrauber sind, die eure Beziehung retten könnten. Wenn ihr irgendeinen Bezug erkennen könnt – lest weiter!

Was hält uns davon ab, das zu tun, was wir wirklich brauchen, um uns selbst und unsere Beziehung zu heilen? Was hält uns davon ab, unsere Beziehungsprobleme anzuschauen, bevor sie fast unüberwindlich werden? Vielleicht ist es Verleugnung.

Die meisten von uns, die sich in einer schmerzhaften Beziehung befinden, glauben, das tatsächliche Problem zweifellos zu kennen: Es ist unser Partner der einfach nicht so denkt und sich nicht so verhält, dass es Frieden fördert und die liebevolle Umgebung schafft, von der wir alle geträumt haben (und die es vielleicht sogar am Anfang der Beziehung gegeben hatte). Das ist ganz sicher eine Art der Verleugnung.

Verleugnung hat viele Gesichter und wir haben alle – auf die eine oder andere Weise –Verleugnung benutzt, um den Schmerz, den wir im Leben erfahren, zu vermindern. Verleugnung ist eine der fünf Stufen der Trauer. Verleugnung kann gesund sein, wenn sie uns ermöglicht, überwältigende Probleme Schritt für Schritt anzugehen, beispielsweise wenn ein geliebter Mensch stirbt. Wenn wir jedoch Beziehungsprobleme ausblenden, um Schmerz zu vermeiden, kann das unsere Situation nur verschlechtern.

Häufig fällt es uns schwer, Verleugnung bei uns selbst zu erkennen; wenn wir in der Verleugnung stecken, bestreiten wir, dass wir ein Problem haben und können oder wollen auch nicht zugeben, dass es eins gibt. Es gibt verschiedene Weisen, um Problemen durch Verleugnung aus dem Weg zu gehen. Während ihr weiterlest, könnte es hilfreich sein, aufzuschreiben, wie sich diese Formen der Verleugnung in euer Leben und in eure Beziehung eingeschlichen haben. Die Formen, die wir hier besprechen, sind: **einfaches Verleugnen, Verharmlosen, Ausweichen, Verteidigen, Verurteilen, Angreifen** oder mit dem **Verstand auseinandernehmen.**

Einfaches Verleugnen ist es, wenn wir uns und anderen weis machen, dass mit uns alles in Ordnung ist. Sobald wir jedoch andere sehen, die sich genau wie wir verhalten, spüren wir, dass sie ein „Problem" haben. Ein Beispiel ist, wenn ich sage: „ich bin nicht sauer", obwohl meine Körpersprache und mein Verhalten klar zum Ausdruck bringen, dass ich sehr sauer bin. Der Ärger kommt öfters durch Hintertürchen zum Ausdruck, z.B. indem wir sagen, dass wir nicht verärgert sind, wenn sich unser Partner in einer gewissen Weise verhält, wir ihr oder ihm aber dann eine Woche lang die kalte Schulter zeigen.

Einfache Verleugnung ist massiv vorhanden, wenn beide Partner in süchtigem Verhalten – wie Trinken, Drogenmissbrauch, Rauchen und Esssucht – verstrickt sind; weiter zählen dazu zahlreiche Arten der Sexsucht, Arbeitssucht, Konsumsucht und etliche andere Süchte, zu viele, um sie hier aufzulisten. Solange wir nur die Süchte unseres Partners im Blick haben, können wir mit unseren eigenen Süchten und deren Verleugnung weitermachen. Alternativ, wenn wir unsere eigenen Abhängigkeiten ausleben, können wir den Schmerz und die Dysfunktionalität, welche unser eigenes Leben überwältigen, ausblenden. Eine weitere Form der einfachen Verleugnung kann passieren, wenn wir uns – bewusst oder unbewusst – entscheiden, sehr schmerzhafte Situationen zu vergessen. Ein Beispiel hierfür könnte sein, einem Therapeuten zu erzählen, dass du nie misshandelt wurdest, obwohl deine Eltern dich und deine Geschwister regelmäßig mit einem Gürtel geschlagen haben.

Eine interessante Variante der einfachen Verleugnung ist **das Verharmlosen:** Das ist der Fall wenn wir uns sagen, dass die Situation nicht so ernst ist. „Mein Partner schlägt mich, ist aber nicht so schlimm, da ich nie ins Krankenhaus musste." Und wie steht es mit der Aussage „Unsere Beziehung ist nicht perfekt – aber welche Beziehung ist schon vollkommen?", und das, während unser Partner offensichtlich eine Affäre mit jemand anderem hat. Das wesentliche Merkmal hierbei ist der angedeutete oder ausgesprochene Satz „Es ist nicht so schlimm".

Ausweichen ist auch eine Art der Verleugnung. Wir entwickeln ein Geschick fürs Manipulieren, Verschleiern und Themen aus dem Weg zu gehen, sobald wir uns unbehaglich fühlen. Etwas, das wir häufig erlebt haben: ein Partner spricht an, dass er meint, dass es ein Problem gibt, das besprochen werden muss und der andere Partner benutzt ein Arbeitsprojekt oder eine andere Verpflichtung, die wirklich wichtiger sei, als Ausrede. Aussprachen werden häufig vermieden mit Sätzen wie „Ich bin zu müde, um das jetzt zu besprechen" oder „Du weißt doch, dass ich mich für die wichtige Konferenz nächste Woche vorbereiten muss".

Verteidigen als Verleugnungsmuster wird offensichtlich, wenn wir Erklärungen dafür geben, wie wir sind und dies als Rechtfertigung benutzen, uns nicht ändern zu können. „Ich kann nicht aufhören, dich zu beurteilen, weil ich so erzogen wurde" oder „Ich kann damit jetzt nicht umgehen. Du weißt doch, dass ich ein genesender Alkoholiker bin und wenn ich mich jetzt mit dem Thema beschäftige, riskiere ich einen Rückfall".

Verurteilen ist ein weiterer, mächtiger Teil der Verleugnung in dysfunktionalen Paarbeziehungen. Wenn wir uns sagen, dass es die Schuld der anderen ist, dann sind wir machtlos, etwas dagegen zu unternehmen: Wenn mein Partner dieses oder jenes tut, macht mich das wahnsinnig und ich habe mich nicht mehr im Griff. Wenn mein Partner das lassen würde, wäre ich ein sehr umgänglicher Mensch.

Angreifen ist eine andere, häufig verwendete krankhafte Verleugnungs-Methode. Wir werden dann aggressiv, wenn wir uns mit unangenehmen oder schmerzhaften Themen konfrontiert sehen; dies wiederum führt beim anderen zu Rückzug. Ein Beispiel hierfür ist: auf den Tisch hauen und unseren Partner anschreien, wenn wir mit einem unserer Themen konfrontiert werden.

Etwas mit dem **Verstand auseinandernehmen** ist die letzte Methode auf der Liste, um Verleugnung weiterhin auszuleben. Wir haben jedes Buch gelesen, wissen alle Antworten und können jedem sagen, was mit uns oder ihnen los ist. Dennoch beschäftigen wir uns nie wirklich mit dem Problem, weil wir nie unsere Gefühle zum jeweiligen Thema zulassen und auch die notwendige Arbeit vermeiden, um etwas zum Besseren zu verändern. Ein Beispiel: regelmäßig zum Therapeuten gehen, aber ohne die Bereitschaft, den eigenen Schmerz zu spüren oder unsere Kindheit genau anzuschauen. In 12-Schritte-Meetings gehen, die Schritte und Versprechen auswendig kennen, aber nie wirklich in den Schritten arbeiten, gehört auch dazu. Es ist eine Haltung von „Reden statt Handeln".

⇨ Arbeitsschritte in diesem Kapitel

1. Lest beide dieses Kapitel.

2. Lest **Anhang A** im Anhang dieses Buches als Leitfaden.

3. Macht getrennt voneinander eine Liste der Verleugnungsmethoden (diese Worte sind fett gedruckt im Text), lasst dabei unter jedem Begriff genügend Platz, um weiterzuschreiben.

4. Unter jeder Verleugnungsmethode schreibt auf, wie ihr selbst – nicht euer Partner – die jeweilige Form der Verleugnung einsetzt und gebt Beispiele dafür an.

5. Vereinbart einen Termin, um eure Arbeit mit eurem Partner zu teilen.

6. Teilt das, was ihr geschrieben habt und beachtet dabei die Empfehlungen im **Anhang A**.

7. Bedankt euch gegenseitig für die Bereitschaft, euch selbst und eure Beziehung zu heilen.

8. Bewahrt euch selber, euren Partner und eure Beziehung liebevoll in euren Herzen.

DER BEGINN: Erster Schritt

„Wir gaben zu, dass wir über unsere Beziehung macht-
los waren und unser gemeinsames Leben nicht mehr
meistern konnten."

Es gibt keinen zu kleinen Anfang.

HENRY DAVID THOREAU

Nicht meistern können

Es kann sein, dass wir an den Punkt kommen, wo beide Partner sagen:
"Ich gebe auf. Es gibt nichts, was ich persönlich tun könnte, um diese
Beziehung zu retten." Alle unsere Spielchen, unser Manipulieren, unsere Tränen, unser Ärger – weichen dem Gefühl, dass nichts von dem,
was wir tun, helfen wird. Dazu kommt, dass unser gemeinsames Leben
ein einziges Chaos ist. Oft haben wir zu große Schulden angehäuft, vielleicht sind die Kinder auffällig, Probleme fressen uns auf und jeder Versuch, die Situation zu verbessern macht sie eher schlechter. Wir können
nicht mal 5 Minuten im Auto zusammensitzen, vielleicht schlafen wir
in getrennten Zimmern (oder Häusern) und unsere schmerzvollen und
zerstörerischen Erfahrungen könnten die Drehbücher einer Seifenoper
auf Jahre hinaus füllen. Das ist „nicht meistern".

In einem 12-Schritte-Meeting versuchte einmal eine junge Frau zu
begreifen, inwiefern ihr eigenes Leben nicht zu meistern war. Sie schil-
derte eine Vielzahl an „Problemen", die ihr im Wege standen, glücklich, froh und frei zu sein – wollte aber ihr Leben nicht als „nicht zu
meistern" bezeichnen. Ein alter Hase im Programm sagte zu ihr, dass
eine x-beliebige Person, die sie auf der Straße ansprechen würde, ihr

Leben besser meistern könnte als sie selbst. Wenn das auch auf eure Beziehung zutrifft, dann ist das „nicht meistern". Wenn die Dinge anscheinend völlig schief laufen, dann ist das „nicht meistern". Wenn das Beste, was wir als Paar hinbekommen haben, ein paar Tage Frieden zwischen sich immer wiederholenden schmerzvollen Abschnitten ist, dann ist das „nicht meistern". Wenn wir auf eine Trennung und/oder eine Scheidung zusteuern, dann ist das „nicht meistern". Wenn einer von uns oder sogar beide eine Affäre haben – körperlich oder emotional, dann ist das „nicht meistern". Wenn wir lieber Überstunden machen als nach Hause zu gehen, um Zeit mit unserem Partner zu verbringen, dann ist das „nicht meistern". Wenn wir seit unserer Hochzeit um drei Kleidergrößen zugenommen haben, dann ist das „nicht meistern". Wenn einer von uns oder wir beide eine Sucht ausleben – wie z.B. Alkohol, Drogen, Arbeit, Sex, Co-Abhängigkeit, Rückzug oder Esssucht, dann ist auch das „nicht meistern".

Es gibt einen direkten Zusammenhang zwischen „nicht meistern" und Machtlosigkeit. Wir werden sehen, dass das „nicht meistern", welches wir in unserem Leben heute erfahren, eine unmittelbare Folge der Machtlosigkeit ist, die wir in unserer Kindheit erfahren haben. Wenn wir tiefere Einsicht gewinnen über unsere ersten Beziehungen, könnte das den Schleier der Verleugnung lüften und uns einen Blick in die Realität ermöglichen.

Wir könnten diejenigen Lebens-Bereiche, in denen wir heute Probleme haben, auflisten und zurückblicken in die Vergangenheit, um uns an Erlebnisse aus unserer Kindheit und Jugend zu erinnern, in denen wir uns machtlos fühlten und dann den Zusammenhang erkennen. Wenn wir beispielsweise heute Probleme haben im Umgang mit Geld, können wir zurückblicken auf Erlebnisse in unserer Kindheit, in denen man uns davon abhielt, den Umgang mit Geld zu erlernen oder wir für irgendeine Geldangelegenheit harsch kritisiert wurden. Es könnte sogar ein Geld-bezogenes Familien-Motto sein, das uns Probleme macht, wie zum Beispiel: „das Geld liegt nicht auf der Straße", „wir haben nie genug

Geld", „Geld ist die Wurzel allen Übels" oder „erwarte nicht zu viel zu Weihnachten dieses Jahr".

Wie steht es mit der Wahrnehmung unseres eigenen Körpers? Schämen wir uns extrem, wenn wir uns unserem Partner nackt zeigen? Wenn das zutrifft, welche alten Familien-Botschaften tauchen jetzt wieder auf? Hat unsere Erziehung uns glauben lassen, dass unser Körper sündig oder hässlich sei? Haben uns die Eltern oder andere Erwachsene wegen unseres Körpers beschimpft?

Wenn einer der Partner ahnt, dass mit der Beziehung etwas nicht stimmt, könnten er oder sie Einzel-Therapie machen, in eine 12 Schritte- oder in eine Selbsthilfe-Gruppe gehen. Wenn der Partner noch immer nicht zur Einsicht gekommen ist, fängt der andere an mit dem Spiel: „Jage-deinen-Partner-mit-einem-Selbsthilfe-Buch-durch's-Haus". Dies wird manchmal auch als „Beziehungs-Tanz" bezeichnet: einer geht vorwärts, der andere geht zurück. Das alles funktioniert natürlich nicht. Seid aber gewarnt. Wenn dein Partner glaubt, dass mit der Beziehung etwas nicht stimmt, dann nimm das ernst. Wenn du es ignorierst, wird es nur noch schlimmer.

Vergleiche von gesunden und ungesunden Beziehungen

In vielen schmerzhaften Beziehungen weichen die Partner ihren Problemen vollständig aus oder einer der Partner übernimmt die alleinige Verantwortung für die Lösung der Streitpunkte, die ihre Beziehung betreffen. In gesunden Beziehungen fühlen sich jedoch beide Partner verantwortlich, Probleme zu lösen und strittige Angelegenheiten zu klären. Es kommt nicht oft vor, dass beide Partner in einer ungesunden Beziehung gleichzeitig einsehen, dass sie beide machtlos sind über ihre Beziehung. Meistens ist es so, dass ein Partner dem anderen seine/ihre Meinung aufdrängt oder versucht, den anderen zu überzeugen, in Therapie oder in ein 12-Schritte-Meeting zu gehen.

Wenn unsere Beziehung auseinanderfällt, ist es ganz einfach, unserem Partner die Schuld zu geben für die schweren Zeiten, die wir durchmachen. Schuld zuweisen nimmt den Druck weg, für positive Veränderungen im eigenen Leben zu sorgen. Gesunde Leute wissen, dass Glücklichsein von innen kommt und versuchen, dieses Glück nicht durch andere zu bekommen, sondern durch ihre eigenen spirituellen, emotionalen, intellektuellen und körperlichen Veränderungen. Wenn wir am tiefsten Punkt sind, beschuldigen wir uns gegenseitig für unsere Misere. Beide Partner sind überzeugt, dass es der andere ist, der den gestörten Blick auf die Realität hat: „Verflixt nochmal, wenn sie nur die Wahrheit sehen und sich ändern würde, wie ich es gut finde, dann wäre alles in wunderbarer Harmonie." Diese Haltung führt nur dazu, den Teufel mit dem Beelzebub auszutreiben. Letztendlich führen Schuldzuweisungen nur zur totalen Zerstörung der Beziehung. Wenn du Listen machen sollst über Sachen, die dein Partner falsch macht und dann über Sachen, die du selbst falsch machst – welche Liste würde dir leichter fallen?

Manchmal werden wir dermaßen süchtig und verstrickt mit unserem Partner, dass wir trotz unserer Misere und unseres Unglücklichseins uns dazu entscheiden, in der Beziehung zu bleiben statt mit dem Allein-sein konfrontiert zu werden. Gesunde Beziehungen ermöglichen beiden Partnern, ihre eigenen Entscheidungen zu treffen und dann auch die positiven oder negativen Konsequenzen zu tragen. Wie geht es dir damit, wenn du dir vorstellst, dass dein Partner sein und handeln darf, so wie er/sie ist – ohne deine Gesellschaft, deinen Rat oder dein Einmischen?

Viele geplagte Paare sind so verfangen und verstrickt miteinander, dass sie die Welt und andere Menschen ausblenden. Solches Verhalten wird oft als Verliebt-sein empfunden. Gesunde Paare verstehen, dass es eine Vielfalt an Erfahrungen ist, welche einen Partner interessant und zu einem objektiveren Freund und zu einer Vertrauensperson macht. Wir haben erfahren, dass Partner, die gesunde Beziehungen führen, wenigstens zwölf Freunde oder Bekannte aufzählen können, die jeder für sich hat. Diese Freunde begleiten uns zu Veranstaltungen und Freizeitaktivitäten oder diskutieren mit uns über Themen, die wir mit diesen Freunden gemein haben, aber nicht mit unserem Partner. Wenn du gerne ins Theater gehst, dein Partner aber nicht – bleibst du dann zuhause? Gehst du mit Schuldgefühlen alleine dorthin? Oder geht ihr zusammen, obwohl euch beiden klar ist, dass der Partner das nicht genießen wird? Oder fragst du eine Freundin, einen Freund, von dem du weißt, dass sie bzw. er es genießt? Wenn ja, was ist dann die Reaktion deines Partners?

Andererseits, wenn unsere Beziehung in Schwierigkeiten ist oder wir geistig, emotional, körperlich oder spirituell nicht in der Lage sind, mit bestimmten Aspekten unserer Beziehung umzugehen, versuchen manche von uns, das Zusammensein mit unsere Partnern dadurch vollkommen zu vermeiden, indem wir ständig andere Leute sehen und mit anderen Sachen beschäftigt sind. Partner, die in gesunden Beziehungen leben, sorgen dafür, dass die Zeit zwischen Partner und Freunden ausgeglichen ist. Erkennst du Parallelen zu deiner Beziehung?

In etlichen geplagten Beziehungen erzählen die Partner nicht viel über sich selbst oder ihre Aktivitäten, Ideen und Gefühle. Wir haben oft Angst, als unzulänglich beurteilt zu werden, dumm oder als Persönlichkeit unvollkommen zu sein. Oder wir haben Angst, dass uns unser Partner verlassen wird, wenn er erfährt, wer wir wirklich sind – mit all unseren Fehlern und Ängsten. Eine gesunde Beziehung vertraut dem Partner, dass er geliebt wird – trotz seiner menschlichen Schwächen. Gibt es Sachen oder Gefühle, die ihr eurem Partner einfach nicht erzählen könnt ohne Angst vor dessen Reaktion?

Viele, die in einer geplagten Beziehung sind, finden es einfacher, ihre tiefen Gefühle zu unterdrücken oder zu verstecken; sie drücken sie dann lieber in Form von süchtigem Verhalten oder dem Missbrauch von Suchtmitteln aus. Wenn ihr streitet oder euch in einem Konflikt befindet – betrinkst du dich dann, oder isst du ein Kilo Eiscreme, oder suhlst du dich in Pornographie oder flüchtest du dich in eine jämmerliche Depression? Könnt ihr eine Auseinandersetzung haben – ohne eine Zigarette zu rauchen? Gesunde Partner haben gelernt, auf produktivere Weise mit Gefühlen und Problemen umzugehen.

Als Säugling waren wir davon abhängig, dass unsere Eltern unsere Bedürfnisse erahnen könnten und uns die notwendige Fürsorge zukommen lassen würden. Oft verlangen wir von unserem Partnern, dass sie – so wie unseren Eltern damals, unsere Bedürfnisse und Wünsche erfüllen, ohne dass wir sie darum bitten. Wenn wir nicht bekommen, was wir uns wünschen, finden wir es schwierig, um das zu bitten, was wir brauchen und wünschen. Wie viele von uns dachten, wir hätten das perfekte Geburtstagsgeschenk für unseren Partner gefunden, um dann herauszufinden, dass das Kleidungsstück nie getragen oder die Sache nie verwendet wurde. Oder wir bekommen einfach nicht das Geschenk, das wir so gerne haben möchten, obwohl wir immer wieder Andeutungen machen.

Habt ihr jemals einen Partner jammern hören: "Wir scheinen überhaupt keine Gemeinsamkeiten mehr zu haben." Oder: „Wir haben uns auseinander gelebt." Partner in geplagten Beziehungen glauben oft, dass sie die gleichen Dinge genießen und die gleichen Interessen haben müssten. Eine gesunde Beziehung besteht aus zwei Menschen, die sehr unterschiedliche Individuen sind. Üblicherweise teilen und genießen sie etliche gemeinsame Interessen und Freunde, jedoch fühlen sich beide wohl dabei, eigene Interessen und Freunde für sich zu haben. Wenn es so aussieht, als wäre aus eurer Beziehung die Luft raus, dann ist das ein deutlicher Hinweis, dass ihr machtlos seid über eure Beziehung und euer gemeinsames Leben nicht mehr zu meistern ist.

Verstrittene Paare finden es oft schwierig, miteinander Spaß zu haben. Gesunde Paare nehmen sich Zeit, gemeinsam zu spielen; sie machen Scherze, lachen und genießen die Gegenwart des anderen. Beide Partner fühlen sich sicher, das innere Kind im erwachsenenKörper zeigen zu können, darauf vertrauend, dass sie sicher sind, dass der Partner sie nicht körperlich, emotional oder spirituell verletzen würde. In unserem persönlichen Fall waren wir an dem Punkt, dass es fast gar keinen Spaß mehr gab. Das wurde uns besonders klar, als wir den Alkohol aufgaben. Uns wurde klar, dass es außer Party-machen fast nichts gab, was uns noch Freude machte. In unserer individuellen und in unserer

Paar-Genesung haben wir uns daher sehr bemüht, „echte" Freude zu erfahren. Heute genießen wir viele Möglichkeiten, Spaß zu haben und lachen auch regelmäßig herzhaft miteinander.

Weitere Vergleiche von gesunden und ungesunden Beziehungen

In gesunden Beziehungen übernehmen beide Partner die Verantwortung dafür, persönliche Grenzen zu entwickeln und zu setzen. Wenn ein Partner die Grenze des anderen überschreitet oder verletzt, dann entsteht ein Konflikt. Es ist wichtig, dass diese Konflikte gelöst werden – ansonsten werden Gefühle von Ärger und Verletztheit heruntergeschluckt und Groll entwickelt sich. Partner in gesunden Beziehungen sprechen solche Konflikte zeitnah an. Welche Gefühle schluckst du schon lange herunter? Welcher Konflikt taucht immer wieder auf, wird angesprochen, bleibt ungelöst und taucht wieder unter bis er beim nächsten Gelegenheit wieder hochkommt? Gibt es Sachen, die du deinem Partner sagst oder er dir sagt, die immer Ärger verursachen oder den Konflikt eskalieren lassen? Gibt es eine Trumpfkarte, die du erst dann ausspielst, wenn du den Sieg vor Augen hast? Wie ist es mit: „Jetzt reicht's, ich hab genug, ich gehe. Ich lasse mich scheiden!" – klingt das bekannt?

Partner in geplagten Beziehungen denken oft, dass Sex zu haben das Gleiche wäre wie Intimität. Intimität ist aber ein spiritueller Zustand, in welchem beide Partner völlig ehrlich miteinander sein können und einander völliges Vertrauen schenken. Intimität fördert die Sexualität in der Beziehung. Wir hörten einige Paare, mit denen wir gearbeitet haben, sagen: „Sex ist das einzig Gute, was noch übrig geblieben ist in unserer Beziehung." Wenn sie ihre Beziehungs-Themen durcharbeiten, berichten die gleichen Paare später, verblasst das, was sie erst als guten Sex bezeichneten im Vergleich zu der Fülle, die sie jetzt erfahren. Diese Fülle ist nur möglich, wenn Intimität geschaffen wurde, und zwar durch Heilung der emotionalen, intellektuellen und spirituellen Bereiche der Beziehung.

Das Gegenteil ist aber oft der Fall. Gemeinsamer Sex ist meist das erste, was in einer angeschlagenen Beziehung auf der Strecke bleibt; das ist ein sicherer Hinweis auf das Errichten von Mauern zwischen den Partnern, wobei die erste Barriere die körperliche/sexuelle Distanz darstellt.

Es kommt immer mal vor, dass wir schwierige Zeiten in der Beziehung durchleben und wir fürchten, dass andere uns beobachten und beurteilen. Gesunde Menschen akzeptieren, dass andere sie und ihre Beziehung als nicht perfekt sehen, sie handeln aber nach ihrem besten Wissen und Gewissen und aufrichtig fürsorgend – ungeachtet dessen, was andere denken. „Kenne dich selbst und sei dir selbst treu" könnte das sein, was Gott uns raten würde (wenn wir so frei sein dürfen, Gott diese Worte in den Mund zu legen). Inwiefern beeinflusst die Meinung der anderen heute die Sicht auf deine Beziehung?

Partner in problematischen Beziehungen fühlen sich oft als Eltern unzureichend. Sehr wahrscheinlich haben sie sich schon als Kind nicht gut genug gefühlt. Erkennst du hier die Verbindung? In gesunden Beziehungen leben die Eltern ihren Kinder ein gesundes Beispiel vor. Ihre Kinder vertrauen ihnen und achten sie. Die Eltern geben ihnen liebevolle und angemessene Führung, loben sie für ihre Erfolge und bei unangemessenem Verhalten bieten sie ihnen eine alternative Richtung. Sollten sich deine Kinder ständig ungehörig oder frech verhalten, kannst du Gift drauf nehmen, dass irgendetwas in deiner Beziehung nicht stimmt. Was wir bis jetzt durch unsere persönliche Genesung gelernt haben ist, dass wir die best möglichen Eltern sein können, wenn wir unser eigenes Leben und unsere eigene Beziehung in Ordnung bringen. Der Rest folgt von allein. Die besten Eltern leben das beste Beispiel vor.

Ehe- und Beziehungsprobleme werden häufig begleitet von einem intensiven Schamgefühl. Wir möchten vor anderen verbergen, dass es uns nicht gut geht. Wir haben Angst, unseren Familien oder anderen, befreundeten Paaren davon zu erzählen. Keinesfalls möchten wir, dass unsere Arbeitskollegen erfahren, was bei uns los ist. Wahrscheinlich wollen wir den anderen nicht eingestehen, dass wir unsere Probleme nicht im Griff haben. Diese Scham kommt sicherlich aus dem Wissen, dass wir uns selbst schon irgendwie im Stich gelassen haben. Aus einer Studie erfuhren wir, dass Paare, welche eine Ehe eingehen, wissen, dass ungefähr 60 Prozent aller Ehen geschieden werden. Trotzdem waren sich über 90 Prozent der Paare sicher, dass ihre Ehe nicht in einer Scheidung enden würde. Anscheinend haben wir hohe Erwartungen bezüglich unserer Beziehungen und die Tatsache unserer Unfähigkeit und Machtlosigkeit bleibt häufig der Außenwelt verborgen, so dass das Scheitern unentdeckt bleibt.

Machtlosigkeit

Paare, die im Ersten Schritt arbeiten, erkennen oft schnell, dass ihr Zusammenleben nicht zu meistern ist, andernfalls würden sie eine gesunde, glückliche und verbundene Beziehung führen, die auf Liebe und Intimität basiert. Das mitunter schwierigste Eingeständnis ist unsere Machtlosigkeit, die Probleme, die so offensichtlich vor uns liegen, selbst lösen zu können. Daher beschreiben wir „Machtlosigkeit" wie folgt: Wenn unsere Beziehung nicht zu meistern ist und wir dies nicht in Ordnung bringen können, sind wir machtlos. Wenn wir oft unglücklich, sauer, grollig, deprimiert, frustriert, nervös oder ängstlich sind in unserer Beziehung, dann sind wir ebenfalls machtlos.

Wahrscheinlich wird einer der Partner glauben und es aussprechen, dass die Beziehung größere Probleme hat als es der andere Partner wahrnimmt. Wenn du meinst, dass eure Beziehung ziemlich in Ordnung ist, dein Partner aber denkt, dass die Beziehung dringend Aufmerksamkeit benötigt, solltest du lieber gut zuhören – deine Wahrnehmung spiegelt vielleicht nicht den Ernst der Lage wider. Wenn einer von euch ein Problem erkennt, dann gibt es ein Problem. Du kannst deinem Partner das Gefühl, dass etwas nicht stimmt, nicht „ausreden".

„Wir gaben zu, dass wir über unsere Beziehung gegenüber machtlos sind und unser gemeinsames Leben nicht mehr meistern konnten."

Wenn wir sagen können, dass wir dies tief innen spüren, die Wahrheit erkennen und die Trauer darüber empfinden, haben wir unsere persönliche Arbeit im Ersten Schritt gemacht. Wenn wir dies offen und ehrlich einander eingestehen können, haben wir unsere Beziehungs-Arbeit im Ersten Schritt erledigt. Die Arbeit in diesem Schritt ist vollendet, wenn wir nicht mehr bestreiten, dass „wir über unsere Beziehung gegenüber machtlos waren und unser gemeinsames Leben nicht mehr meistern konnten."

⇨ Arbeitsschritte in diesem Kapitel

1. Lest beide dieses Kapitel.

2. Lest **Anhang A** im hinteren Teil dieses Buches als Leitfaden.

3. Beide Partner schreiben – unabhängig voneinander – eine Liste all jener Dinge, die in der Beziehung nicht zu meistern sind. Lasst nichts aus. Schreibt vollständige Sätze, die immer mit den Worten „ich" oder „wir" beginnen. Fangt den Satz niemals mit „er" oder „sie" an. Damit würdet ihr eine Inventur eures Partners machen und das würde sicherlich zur Verletzung des anderen führen. „Ich finde es unerträglich, wenn …" ist viel besser als „Er macht immer…". Auf jeden Fall müssen die Worte „immer", „nie", „soll" und „soll nicht" vermieden werden in der Inventur des Ersten Schrittes. Hier folgen einige geeignete Beispiele, um „nicht zu meistern" auszudrücken: „Wir können uns nicht darauf einigen, wie wir Geld ausgeben." „Ich fühle mich verletzt und verärgert, wenn meine Partnerin ihrer Mutter von unseren Streitereien erzählt." „Wir haben keinen Sex mehr." „Ich bin frustriert darüber, dass wir in der Erziehung unserer Kinder keine Einigung finden." „Wir können keine Unterhaltung führen, ohne uns zu streiten."

4. Nachdem beide von euch die Liste erstellt haben, schreibt die Namen der Familienmitglieder auf, die vermutlich ähnliche Beziehungsprobleme haben. Wenn du merkst, dass du das nicht weißt, dann schreibe das auch auf. Schreib aber auch dazu, was es bedeutet, dass du das nicht weißt. Fühlst du dich frustriert darüber, dass du es nicht weißt? Verleugnest du deine Familienprobleme?

5. Beide Partner lesen das Kapitel nochmals und schreiben zusätzliche Beispiele auf, die sich auf das „Nicht-Meistern" und das Gelesene beziehen.

6. Vereinbart einen Termin, um eure Arbeit mit eurem Partner zu teilen.

7. Teilt das, was ihr geschrieben habt und beachtet dabei die Empfehlungen im **Anhang A**.

8. Glaubt ihr beide wirklich und zutiefst, dass ihr über eure Beziehung machtlos seid und dass ihr euer gemeinsames Leben nicht mehr meistern könnt?

9. Bedankt euch gegenseitig dafür, dass ihr zugänglich seid für die Heilung von euch selbst und eurer Beziehung.

10. Bewahrt euch selber, euren Partner und eure Beziehung liebevoll in euren Herzen.

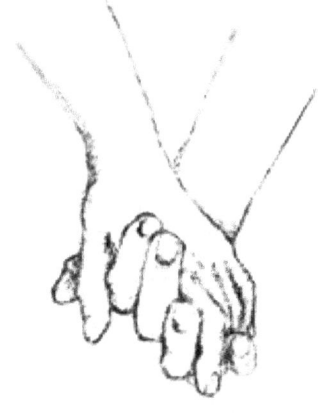

WIR KAMEN ZU DEM GLAUBEN: Zweiter Schritt

„Wir kamen zu dem Glauben, dass eine Macht größer als wir selbst, uns unsere Verbindlichkeit und Intimität wiedergeben kann."

Geh die erste Stufe im Vertrauen.
Du musst nicht die gesamte Treppe sehen,
nimm einfach die erste Stufe.

DR MARTIN LUTHER KING JR.

Alte Verhaltensweisen, die nicht mehr funktionieren

Im Ersten Schritt haben wir die derzeitige Gestörtheit unserer Beziehung und unsere Machtlosigkeit über Situationen, Dinge, andere Menschen – vor allem unserem Partner gegenüber sorgfältig betrachtet. Uns ist klar geworden, dass es viele Dinge in unserem Leben gibt, die nicht funktionieren. Einige davon scheinen vielleicht früher einmal geklappt zu haben. Wenn diese alten Verhaltensweisen noch immer aktiv sind, ist das Ergebnis negativ. Irgendwie hat unser Verhalten uns nicht die Liebe oder das Glück gebracht, die wir suchen.

Eines der ersten Dinge, die wir im Leben gelernt haben war, andere zu manipulieren, um das zu bekommen, was wir wollten. Als wir geboren wurden, waren wir absolut hilflos und machtlos und unser ganzes Leben war gänzlich außer Kontrolle. Ohne die Liebe und Fürsorge von Erwachsenen wäre unser Leben sehr eingeschränkt gewesen. Wir wären

21

gestorben ohne die anderen – und instinktiv wussten wir dies. Aus unserer Perspektive könnte das erste Gespür von menschlicher Macht aus reiner Verzweiflung gekommen sein – das war beispielsweise, als wir geheult haben. Als wir hungrig waren, nasse Windeln hatten oder ganz einfach Aufmerksamkeit brauchten, haben wir geheult. Zuerst haben wir aus Not geweint, später aus Frust und Angst. Und mit der Frustration kam die Wut. Es scheint, dass unruhig und laut zu werden eine der am tiefsten sitzenden und ältesten Methoden war, eine Situation zu bewältigen und anderen unseren Willen aufzudrängen.

Als Kleinkind mussten wir meist nur weinen und schon ließen die Erwachsenen stehen, was sie gerade taten und kümmerten sich um uns. Als wir älter wurden, brauchte es zusätzlich ein bisschen Ärger, um dafür zu sorgen, dass unser Bedürfnis gestillt wurde. Manchmal brauchten wir einen Trotzanfall, um unseren Willen zu bekommen. So haben wir durch unsere Wut andere dazu gebracht, etwas für uns zu tun – zu der von uns gewünschten Zeit und auf die von uns gewünschten Weise. Manchmal kamen die Tränen, weil unsere Grundbedürfnisse von unseren Eltern wirklich nicht erfüllt wurden.

Später in der Kindheit hat das mit der Wut nicht geklappt oder es gab negative Reaktionen bzw. Konsequenzen. Also mussten wir lernen, auf andere Weise zu manipulieren: wir taten niedlich oder kokett, wir zeigten unsere Intelligenz oder wir flunkerten und erzählten Lügengeschichten.

Leider haben viele von uns die frühen Kleinkind-Überlebensstrategien nie aufgegeben. Als wir Mutter um 3 Uhr früh morgens aufweckten, hat sie uns wahrscheinlich liebevoll aus dem Bett geholt, uns ein Liedchen vorgesungen, unsere Windeln gewechselt, uns gefüttert, wonach wir mit einem lauten Bäuerchen (wofür wir uns nicht entschuldigen mussten) wieder glücklich einschliefen. Unsere Eltern waren im Allgemeinen in der Lage, unsere Bedürfnisse intuitiv zu kennen und uns die notwendige Fürsorge zu geben.

Wenn wir heute etwas von anderen haben wollen – ganz besonders von denen, die uns am nächsten stehen – werden viele von uns laut und ärgerlich und verlangen sofortige Aufmerksamkeit und Erfüllung. Wir sind erstaunt, wenn auf dieses Verhalten keine liebevolle Reaktion folgt, unsere Bedürfnisse unerfüllt bleiben und wir unsere Liebsten wegekeln. Dann sagen wir, dass es ihr Problem ist, weil sie nicht unsere Erwartungen erfüllen. Dann tut unser Partner das Gleiche oder verwendet eine der anderen kindischen Methoden, um seinen Willen zu bekommen und die Streiterei geht los – zwei Erwachsene im Boxring mit einem Reifheitsgrad von „Baby", „Knirps", oder „Kleinkind" aber sicher nicht dem eines „Erwachsener". Unser Zusammenleben ist ohne Zweifel nicht zu meistern.

Wir kommen zum Glauben

Im Zweiten Schritt stehen wir also am Wendepunkt, bereit um neue Verhaltensweisen auszuprobieren. Auf dem Weg zur Glaubensfindung müssen wir uns über zwei Sachen im Klaren sein. Erstens: was wir als Individuum tun, funktioniert einfach nicht in unserer Beziehung. Zweitens: es gibt andere Möglichkeiten, Alternativen zu unserem jetzigen Tun, die vielleicht zu sehr guten, positiven Ergebnissen führen. Möglicherweise können wir diese derzeit nicht sehen.

Um auf den Weg vom Kleinkind- zum Erwachsenen-Modus zu gelangen, sind einige Schritte notwendig. Wenn wir auf dem Weg sind zu glauben, dass wir von einer Höheren Macht geführt werden, gibt es zwei Dinge, die wir loslassen müssen, genauso, wie wir gleichzeitig Kupplung und Bremse loslassen müssen, um loszufahren. Das Erste ist: Eigenwille. Und das Zweite ist die Angst, nicht mehr die Kontrolle zu haben, wenn wir uns von der Höheren Macht führen lassen.

Es ist unerlässlich, dass wir allen unseren Ängsten, die mit einer verbindlichen Beziehung zu tun haben, ins Gesicht schauen. Manche Ängste, die zum Vorschein kommen, sind Kontrollverlust, mehr von uns zu geben als wir zurückbekommen und die Vorstellung, dass vollständiges Einbringen das Ende jeglicher gewohnter Freiheit wäre. Wir denken vielleicht, wenn wir unserem Partner alles mitteilen, was wir denken und fühlen, dass er uns verlassen würde. Was wäre, wenn wir mit dem falschen Partner zusammen wären? Könnte es nicht sein, dass der magische, mystische, fabelhafte Seelenverwandte noch immer da draußen ist und wir haben ihn noch nicht gefunden? **Macht eine Liste aller eurer Ängste bezüglich der Verbindlichkeit eurer Beziehung.**

Als nächstes müssen wir beide unsere Glaubenssätze bezüglich einer Höheren Macht unter die Lupe nehmen. Das ist unerlässlich, um den spirituellen Fortschritt nicht zu behindern. Zuerst müssen wir uns darüber klar werden, was ein „spirituelles Programm" für uns bedeutet.

Aus der Sicht der 12-Schritte-Programme weist das Wort „spirituell" auf etwas hin, das Energie hat und nicht statisch ist. Aus unserer Sicht sind wir komplexe Wesen, es gibt mindestens fünf Anteile oder Systeme in uns, die mit uns oder in uns aktiv sind. **Diese sind: körperlich, sexuell, emotional, intellektuell und spirituell.** Obwohl es verschiedene Anteile sind, arbeiten sie alle zusammen.

Der **spirituelle** Anteil ist derjenige, der uns mit dem ganzen Universum verbindet; er ist in der Lage, alles andere zu überschreiten, darüber hinauszugehen. Da wir uns ja in einem spirituellen Programm befinden, suchen wir etwas, das unsere bisherige Erfahrung und unser bisheriges Wissen übertrifft. Für eine solch grenzüberschreitende Erfahrung ist es unerlässlich, den Eigenwillen loszulassen. Du kannst erst fliegen, wenn du die Erde losgelassen hast. Und wenn wir nicht ganz loslassen können, müssen wir wenigsten unseren festen Griff entspannen. Ein möglicher Weg dies zu tun ist es, unsere eigene Wahrnehmungen der Höheren Macht zu erforschen und dann eine Vorstellung zu wählen – jawohl, zu wählen, der wir vertrauen. Beginne mit der schriftlichen Beschreibung deiner jetzigen Auffassung von Gott oder einer Höheren Macht. Welche Eigenschaften schreibst du deiner Höheren Macht zu? Welche Erfahrungen hast du in der Vergangenheit mit dem Gott gemacht, den du gerade beschreibst – sowohl positiv oder hoffnungsvoll wie auch negativ oder schlecht?

Lasst uns einmal die Existenz übernatürlicher Kräfte genauer betrachten. Für diejenigen von uns, die spirituell misshandelt wurden, kann die Bedeutung von Gott zwischen strafender Macht und vollständigem Unglauben bezüglich irgendeiner übernatürlichen Kraft liegen. Für viele von uns ist es jedoch eher so, dass wir gar nicht wissen, woran wir glauben. Die einfache Erkenntnis, dass zwei oder mehr Menschen zusammen eine Macht größer als das Individuum darstellen ist für viele der Beginn einer positiven, spirituellen Reise. Fang an mit einer Liste aller Kräfte, die stärker sind als du es bist; dann entscheide dich für eine Kraft aus der Liste, der du vertrauen kannst, dich durch den Wandlungsprozess zu führen.

Haben wir eine schmerzliche oder gar keine Vorstellung von Gott, könnte es nötig sein, unsere RCA-Gruppe, ein anderes Paar, mit dem wir zusammenarbeiten oder einen Therapeuten, der selbst eine gute Beziehung führt als Höhere Macht zu wählen. Um diesen Schritt praktizieren zu können, ist es notwendig, etwas zu wählen, das größer ist als wir es sind und daran glauben, dass Es das für uns tun kann, was wir momentan nicht selbst für uns tun können. Ein Paar hat sich beispielsweise das Konzept eines gemeinsamen „Paar-Gottes" als Höhere Macht geschaffen, sie haben es „Hilfe" genannt und haben sogar ein Gebet zum Ersten Schritt dafür formuliert.

Haben wir bereits einen tiefen Glauben in einen fürsorglichen Gott – wie wir Gott verstehen – und arbeiten zusammen mit unserem Partner in den Schritten, kann das Ergebnis nur wachsende Liebe und tieferes Verständnis sein.

Worum es hier wirklich geht: beide Partner können eine unterschiedliche Vorstellung bezüglich einer Höheren Macht haben, wenn sie aber beide an eine fürsorgliche Höhere Macht glauben, die eine positive Auswirkung in ihrem Zusammenleben erwirkt, dann sind sie „zum Glauben gekommen".

Der Vorgang der Wiederherstellung

Das englische Wort „restore" (unsere Verbindlichkeit und Intimität „wiedergeben") ist ein zentraler Begriff im Zweiten Schritt. Was meinen wir ist die Bedeutung dieses Wortes? Einige verstehen darunter Reparieren. Für andere bedeutet es „in den Neuzustand versetzen". Ein Paar erzählte, dass Wiederherstellung für sie bedeutet, dass ihre Beziehung überhaupt zum allerersten Mal aufgebaut wurde. Wie auch immer du das Wort beschreibst, dieser Teil des Schrittes besagt: wir kamen zu dem Glauben, dass das Wiedererlangen (unserer Verbindlichkeit und Intimität) möglich ist.

Zusätzlich steht hier das Wort „uns" (nicht „mich"). Hiermit ist gemeint, dass Wiederherstellung nicht nur mich, sondern uns beide zusammen einbindet. Durch das Handeln einer Höheren Macht findet eine Änderung in uns beiden statt. Die Wiederherstellung bzw. das „in den Neuzustand versetzen" wird sich in Veränderungen zeigen, die in allen drei Betroffenen stattfinden, ja, in allen DREI Betroffenen: in unserem Partner, in uns selbst und in unserer Beziehung.

Es ist an der Zeit, uns zu vergegenwärtigen, dass die Beziehung ein eigenes Wesen darstellt und ein eigenes Leben hat. Nicht länger sind wir zwei Menschen, die versuchen, ihre eigenen Bedürfnisse erfüllt zu bekommen, sondern zwei Menschen, die teilhaben an einem dritten Wesen – nämlich der Beziehung. Zwei Individuen kreieren zwar die Beziehung, aber genau wie die Individuen Fürsorge für ihre eigene Gesundheit brauchen, benötigt auch die Beziehung Fürsorge, um gesund zu bleiben. Das ist ein typischer Fall, bei dem eins plus eins nicht länger zwei ergibt – sondern DREI. Zusammen mit unserer Höheren Macht heißt das: eins plus eins ergibt VIER.

Verbindlichkeit und Intimität

In diesem Schritt geht es um Verbindlichkeit und Intimität. Vielen von uns ist unklar, was diese zwei Begriffe beinhalten. Wir können nicht beurteilen, ob wir Verbindlichkeit und Intimität erreicht haben, wenn wir deren Bedeutung nicht kennen? Vielleicht hat unser Partner eine andere Vorstellung davon als wir sie haben.

Sehr hilfreich wäre es, wenn beide Partner jetzt beschreiben, was für sie Verbindlichkeit bedeutet und das dann miteinander teilen. Wie verhalten sich Paare, die Verbindlichkeit leben? Was haben wir bei unseren Eltern gesehen bzw. gelernt über Verbindlichkeit in Beziehungen? Was haben wir von anderen Beziehungen über Verbindlichkeit gelernt? Könnte die Verbindlichkeit unserem Partner gegenüber im Konflikt stehen mit der gegenüber uns selbst?

Was ist Intimität? Vor unserer RCA-Genesungsreise definierten wir Intimität vielleicht anders als jetzt. Für die meisten von uns ist bzw. war Intimität das Gleiche wie Sex haben. Wir sehen Werbung in Zeitschriften für „Intim-Wäsche". Sex und Intimität sind verwandte Begriffe, aber keine Synonyme. Du kannst eines ohne das andere haben. Das Körperliche und Sexuelle sind nur zwei Facetten der Intimität. Es gibt auch einen intellektuellen, emotionalen und einen spirituellen Anteil der Intimität.

Während wir im Zweiten Schritt arbeiten, finden einige von uns wahrhafte Intimität in unserer Beziehung durch eine spirituelle – statt einer sexuellen Erfahrung. Wenn wir anfangen, unsere tiefen Überzeugungen und Erfahrungen über unser spirituelles Dasein zu teilen, finden wir die tiefste Intimität, die wir je erfahren haben. Während wir uns durch das Mitteilen öffnen, könnte jegliche Abwehr verschwinden, wir wählen dann unsere Worte nicht länger aus einer Abwehrhaltung heraus und wir begegnen einander wahrhaft aufmerksam und offen. Dies kann einer dieser Momente sein, in denen erlebte Intimität auftaucht.

Manche behaupten, das englische Wort „intimacy" könne als „into-me-see" verstanden werden – etwa „du siehst in mich hinein". Genau darum geht es bei Intimität. Wir lassen zu, dass wir von einer anderen Person auf einer sehr tiefen, wehrlosen und verletzlichen Ebene gesehen werden. Eine weitere Interpretation des englischen Wortes ist „in two-me see"; ein Übersetzungsversuch könnte lauten: „zu zweit sehe ich mich". Diese Auslegung ist für verbindliche Beziehungen sogar noch zutreffender. Damit wir unser Inneres sehen, benötigen wir einen anderen Menschen, der uns auch sehen kann. Wir helfen uns gegenseitig dadurch, dass wir für unseren Freund oder Partner als Spiegel dienen, damit er seinen Anteil erkennt. So kann ich mich „zu zweit sehen". Das gemeinsame Fortschreiten durch die Zwölf Schritte bietet uns regelmäßig Gelegenheit, Intimität zu erleben. In dem Maß, in dem wir in unserer Paar-Arbeit Intimität erleben, verflüchtigen sich manche Abwehr-Mechanismen und erfolglose Glaubenssysteme, so dass wir immer öfters Intimität erfahren können.

Unser persönliches Ziel ist es, uns selbst vollständig kennenzulernen, einem anderen Menschen zu erlauben, dass er uns vollständig kennenlernt und wir diesen anderen Menschen auch vollständig kennenlernen. Um uns selbst vollständig zu kennen sind wir auf andere Menschen angewiesen. Es klingt wie ein Wiederspruch: Ich erkenne mich selbst nur in Beziehung mit einem anderen Menschen.

Wenn du beispielsweise ein Wurstbrötchen isst und dabei unbemerkt Senf auf dein Kinn bekommst, brauchst du jemanden, der dir sagt, dass du Senf auf deinem Kinn hast. Kann auch sein, dass du in den Spiegel schaust und den Senf darin entdeckst. Dein Partner ist der Spiegel – sowohl für dein Inneres wie auch für dein Äußeres. Wir brauchen einander, um die Wahrheit über uns vollständig zu erfahren.

Es gibt diese vier Kategorien von Dingen, die wir kennen sollten:

1. Dinge, die sowohl du als auch dein Partner über dich weiss
2. Dinge, die dein Partner über dich weiss, die du aber nicht weisst
3. Dinge, die du über dich weisst, nicht aber dein Partner
4. Und Dinge, die weder dein Partner noch du selbst über dich weisst.

Wenn wir eine intime, verbindliche Beziehung miteinander führen, können wir mehr über uns selbst erfahren, weil wir einem anderen Menschen erlauben, uns zu helfen. Es gehört zu der Verbindlichkeit unserer Beziehung, dass wir nichts tun, was unseren Partner verletzen könnte. Die Verbindlichkeit hilft uns Vertrauen zu lernen und uns das Vertrauen des Partners zu verdienen. Diese Verbindlichkeit bedeutet, dass uns die Beziehung wichtiger ist als die Probleme. Wir wiederholen: **Diese Verbindlichkeit bedeutet, dass uns die Beziehung wichtiger ist als die Probleme.** In einer vertrauenden, sicheren und verbindlichen Beziehung haben wir die Grundlage für wahrhaftige Intimität. In diesen Momenten der Intimität scheint die Zeit still zu stehen und wir erfahren eine Seins-Ebene, die nur wenige Paare kennen.

Verbindlichkeit und Intimität waren jedoch durch unsere von purem Eigenwillen getriebenen Machenschaften, Plänen und dysfunktionalen Anstrengungen nicht möglich. Wir würden uns nicht so machtlos und gescheitert fühlen, wenn wir selbst wüssten, was zu tun ist. Also müssen wir jetzt zu dem Glauben kommen, dass eine Macht größer als wir beide uns diese Geschenke geben wird.

⇨ Arbeitsschritte in diesem Kapitel

1. Lest beide dieses Kapitel.

2. Lest **Anhang A** im hinteren Teil dieses Buches als Leitfaden.

3. Jeder macht eine Liste aller Ängste bezüglich einer völlig verbindlichen Beziehung zum Partner.

4. Jeder schreibt nieder, was das Wort „Wiederherstellung" bezüglich ihrer Beziehung bedeutet.

5. Jeder schreibt nieder, was das Wort „Verbindlichkeit" bezüglich ihrer Beziehung bedeutet.

6. Jeder schreibt nieder, was das Wort „Intimität" bedeutet.

7. Jeder beschreibt für sich, wie sie persönlich Gott bzw. eine Höhere Macht erfahren.

8. Beide Partner lesen das Kapitel nochmals und schreiben solche Beispiele aus ihrem Leben auf, die sich auf den Text in diesem Kapitel beziehen.

9. Vereinbart einen Termin, um eure Arbeit mit eurem Partner zu teilen.

10. Teilt das, was ihr geschrieben habt und beachtet dabei die Empfehlungen im **Anhang A**.

11. Glaubt ihr beide wirklich, dass eine Macht größer als ihr selbst euch eure Verbindlichkeit und Intimität wiedergeben kann?

12. Bedankt euch gegenseitig dafür, dass ihr zugänglich seid für die Heilung von euch selbst und eurer Beziehung.

13. Bewahrt euch selber, euren Partner und eure Beziehung liebevoll in euren Herzen.

WIR DREI IN BEZIEHUNG: Dritter Schritt

„Wir fassten den Entschluss, unsere Willen und unser gemeinsames Leben der Fürsorge Gottes, so wie wir Gott verstanden, anzuvertrauen."

Das ist Glück: völlig aufgehen in etwas vollkommen Großem.

WILLA CATHER

Die drei Einheiten

Ein Gedicht von Robert Bly mit dem Titel „Das Dritte Wesen"[2] gibt uns einen wunderschönen Einblick in die drei Einheiten einer Beziehung:

Ein Mann und eine Frau sitzen beisammen und sie verlangen in diesem Moment nicht danach, älter oder jünger zu sein oder in einem anderen Land, einer anderen Zeit oder an einem anderen Ort geboren zu sein. Sie sind zufrieden da zu sein, wo sie sind, im Gespräch oder in der Stille. Ihr Atem nährt jemanden, den wir nicht kennen. Der Mann sieht, wie sich seine Finger bewegen; er sieht, wie ihre Hände ein Buch umgreifen, das sie ihm überreicht. Sie gehorchen einem dritten Wesen, das sie miteinander teilen. Sie haben versprochen, dieses Wesen zu lieben. Das Alter kann kommen, Abschied kann kommen, der Tod wird kommen. Ein Mann und eine Frau sitzen beisammen; während sie atmen

nähren sie jemanden, den wir nicht kennen, jemanden,
von dem wir wissen und den wir nie gesehen haben.

Dieses wunderbare kleine Gedicht kommt der Erfahrung, die wir persönlich durch die Arbeit an unserer Beziehung gewonnen haben, sehr nahe. Vor der Genesung waren wir – wie wahrscheinlich viele andere auch – davon überzeugt, dass die Beziehung eine Vereinbarung ist, nach der zwei Menschen für einen bestimmten Zweck zusammenkommen. Für uns als Individuen bestand dieser Zweck darin, uns mit bestimmten Dingen zu versorgen, die wir uns selbst allein nicht besorgen konnten oder wollten. Unsere Vorstellung von Beziehung war, dass ich bestimmte Dinge von dir bekomme und du dafür bestimmte Dinge von mir. Diese Dinge können Sex, Geld, Essen, Wohnung, Sicherheit, Mitgefühl, Zuneigung, Gefälligkeiten und Wertschätzung sein – um nur einige zu nennen. Wenn die Beziehung dann bröckelt, gehen auch die „Vorteile" stückweise verloren.

Das dritte Wesen, von dem Robert Bly schreibt, ist die Beziehung selbst. Es ist tatsächlich so, als gäbe es drei Körper, drei Personen, drei Wesen in der Beziehung.

Die drei Bestandteile deiner Beziehung sind also du, dein Partner und die Beziehung. Dieser dritte Teil, die Beziehung, hat einige Eigenschaften von dir, einige von deinem Partner und einige ganz eigene Eigenschaften. In vielerlei Hinsicht ist es wie ein Kind, das ihr beide erschafft. Wir können für gesunde Beziehungen fast die gleichen Begriffe verwenden, wie wenn wir von gesunden Kindern sprechen. Wenn unser Kind gesund ist, nehmen wir das oft als selbstverständlich hin. Wenn unser Kind nicht gesund ist, töten wir es nicht, sondern wir pflegen es, bringen es zum Arzt, bleiben von der Arbeit zu Hause und kümmern uns um es und tun alles, was wir können, damit es wieder gesund wird. Wir haben diesem Kind viel Liebe, Erbgut, Geld und Zeit gegeben. Das Gleiche gilt für unsere feste Beziehung. Wir haben Liebe, Geld, Zeit, gegebenenfalls Kinder und viel mehr in unsere Beziehung hineingegeben, aber so viele Beziehungen müssen sterben, ohne die Erste Hilfe oder die liebevolle, langfristige Betreuung zu erhalten, die zum Überleben notwendig ist.

Wenn wir dann endlich die Schritte angehen, um unsere Beziehung zu retten und wieder zum Leben zu erwecken, ist unsere Beziehung oft schon fast tot. Wenn wir Schritt Drei näher betrachten, schauen wir uns dessen Handlungsempfehlung genau an: „Wir fassten den Entschluss, unsere Willen und unser gemeinsames Leben der Fürsorge Gottes, so wie wir Gott verstanden, anzuvertrauen." Wir können uns dann der Tatsache der drei Anteile unserer Beziehung bewusst werden und unserer beider Willen und das Wesen der Beziehung selbst der Fürsorge Gottes übergeben. Vertraut darauf, dass Gott sich um unseren Willen und unser Leben kümmern wird – ebenso wie auch um das Leben der Beziehung. Es ist die Höhere Macht, die zum „Wegweiser" wird und für alle drei Teile die Richtung angibt.

Es gibt absolut keinen Konflikt zwischen dem, was für jeden Einzelnen das Beste ist, und dem, was für die Beziehung das Beste ist. Gott wird unser individuelles Leben fördern und sich liebevoll um die Beziehung kümmern, wenn wir Gott einfach die Arbeit machen lassen. Eine Beziehung in Harmonie und Gleichgewicht zu führen, ist ein Wunder, das in jeder Beziehung geschehen kann, aber nur, wenn beide Partner bereit sind, aus alten Glaubenssystemen lange genug loszulassen, um die Dynamik der Beziehung ehrlich anzuschauen und den eigenen Anteil, der zum Scheitern geführt hat, zu erforschen.

Die Schritte 1, 2 und 3 sind die grundlegenden Schritte des 12-Schritte-Programms. Im Ersten Schritt haben wir einen guten und ehrlichen Blick auf unsere Beziehungsmuster geworfen. Es wurde deutlich, dass wir als Individuen absolut machtlos sind, die Probleme in unserer Beziehung sowie die vielen anderen Probleme in Bezug auf die Menschen und Ereignisse in unserem Leben zu lösen.

Im Zweiten Schritt begannen wir zu erkennen, dass es, obwohl wir selbst machtlos waren, andere Kräfte gab, die größer waren als wir selbst. Darüber hinaus haben wir uns mit den Themen Verbindlichkeit und Intimität beschäftigt. Wir kamen zu dem Schluss, dass es Hilfe gibt, wenn wir die Verbindung zu einer Höheren Macht herstellen können.

Unser gemeinsames Leben übergeben

Jetzt, in Schritt Drei, werden wir eine Entscheidung treffen, diese Kraft für uns das tun zu lassen, was wir selbst nicht tun konnten. In diesem Schritt lernen wir, dass, wenn wir unser gemeinsames Leben der „Fürsorge Gottes" anvertrauen, wir uns darauf vorbereiten, höhere Führung für unsere Partnerschaft zu bekommen. 12-Schritte-Programme werden als spirituelle Programme bezeichnet. In diesem Schritt treffen wir die Entscheidung, die unserer Beziehung ermöglicht, einen höheren, spirituellen Zweck zu dienen. Wir beide treffen eine intellektuelle Entscheidung, bereit und offen dafür zu sein, dass eine Höhere Macht unsere Beziehung führen wird. Auch wenn wir jetzt zu dem Glauben gekommen sind, dass dies im Einklang mit Gottes Plan ist, könnte diese Entscheidung im Gegensatz stehen zu einem alten, tiefen Glaubenssystem.

Ein Schlüsselwort in diesem Schritt ist das Wort „Entscheidung". Der Schritt sagt: „Wir fassten den Entschluss, unsere Willen ... der Fürsorge Gottes ... anzuvertrauen." Das ist ein Akt des Vertrauens. Wir müssen daran glauben, dass das, was wir tun, richtig ist. An dieser Stelle erkennen wir vielleicht, dass wir tatsächlich an einer Art göttlichem Plan beteiligt sind. Teil dieses Plans ist, dass Gott will, dass wir glücklich, froh und frei sind. Wir befinden uns jetzt inmitten eines Prozesses, der tatsächlich verspricht, dass wir glücklich, froh und frei sein werden. Dieser Weg beinhaltet, die Schritte als Paar zusammen durchzuarbeiten und bewusst zu Schritt Vier und den folgenden Schritten weiterzugehen. Wir sehen, dass es nicht Gottes Plan ist, erschreckende und peinliche Erinnerungen wachzurufen, die uns wieder das Gefühl geben, dass wir „falsch" sind. Vielmehr sind wir dabei zu erkennen, wer wir als einzigartige Menschen sind, was uns an diesen Punkt unseres Lebens und unserer Beziehung gebracht hat und welche Richtung wir als Paar unter Gottes Führung mit Kurs auf unser größtes Glück und unsere größte Freude einschlagen werden.

Einige Leute erleben diesen Schritt als bedrohlich. Eine Art von Missbrauch, den wir als Kinder erleiden können, ist der spirituelle Missbrauch. Dieser kann in Form von offenem oder verdecktem Missbrauch erfolgen. Bei offenem Missbrauch könnten einige Erinnerungen auftauchen, die dich von spirituellen Werten abwenden ließen, zum Beispiel Eltern, denen wir nicht vertrauen konnten (unsere Eltern waren unsere erste „Höhere Macht") oder religiöse Autoritätspersonen, die uns sagten: „Du kommst direkt in die Hölle". Ein Beispiel für verborgenen spirituellen Missbrauch ist es, wenn wir in unseren frühen Jahren nicht genügend positive Informationen erhalten haben, um ein gesundes spirituelles Leben zu fördern.

Wenn wir schon Erfahrung mit einem individuellen 12-Schritte-Programm haben, kennen wir die Reaktion, die auftreten kann, wenn vom Vierten Schritt gesprochen wird. Wir haben Geschichten gehört, wie schwer und beängstigend dieser Schritt sein kann. Hier im Dritten Schritt ist es wichtig, dass wir das Konzept annehmen, dass wir den Willen Gottes in unserer beide Leben und dem Leben unserer Beziehung ausführen. Wenn wir ins Zweiten Schritt entdeckt haben, dass unsere Vorstellung von Gott die eines rachsüchtigen Gottes war, der uns leiden und leiden und leiden sehen will, dann müssen wir jetzt eine Vorstellung von einer Höheren Macht entwickeln, die nur Gutes, Frieden und Glück für alle will. Wenn wir das alte Glaubenssystem über Gott als Richter und Henker beibehalten, werden wir so viel Schmerz erfahren, wie wir glauben, dass wir es verdienen.

Einige denken möglicherweise über ihr Glaube an Gott so: „Es gibt einen Gott; ich bin böse; Gott wird mich bestrafen; ich sollte besser nicht negativ auffallen; ich verstecke mich, damit Gott mich nicht finden kann; ich werde jetzt sicher nicht um den Willen Gottes bitten, weil Gott mich tatsächlich bestrafen will, und das wird die perfekte Gelegenheit für Gott sein, großen Schmerz herbeizuführen."

Unserer Erfahrung nach ist dieses Szenario nicht ungewöhnlich für Menschen, die zu 12-Schritte-Programmen kommen. Es könnte notwendig sein, ein Glaubenssystem aus dem tiefen Unbewussten auferstehen zu lassen, das diese seit der Kindheit geprägte Angst vor Gott überwinden kann. Die Vertrautheit mit dem 12-Schritte-Programm als einer positiven Kraft, die uns heilen kann – das ist erwachsener Glaube. Daher können wir den Vierten Schritt als eine Möglichkeit zur Selbst-Erforschung verstehen, die uns ermutigt, unsere Vergangenheit ähnlich wie in der Psychoanalyse zu erforschen. Dies wird uns voranbringen, zusammen mit der Erfahrung so vieler anderer Meetingsteilnehmer, die den Schritt durchlaufen haben und denen es so viel besser geht, weil sie sich die Mühe gemacht haben. Wir werden niemanden finden, dem durch diese Arbeit Schaden zugefügt wurde; aus dieser Arbeit kann nur Gutes entstehen. Wir glauben daran, dass wir durch die gemeinsame Arbeit in den RCA-12-Schritten wirklich nach dem Willen Gottes für unsere Partnerschaft handeln, und das wird uns Erfüllung und Freude bringen.

Unseren Glauben an eine Höhere Macht mit anderen teilen

Das Wichtigste für den Abschluss des Dritten Schrittes als Paar ist, miteinander zu teilen, was wir beide herausbekommen haben. Das heißt, wir teilen unsere Vorstellungen von einer Höheren Macht, unsere Hoffnungen sowie alle unserer Ängste bezüglich der Arbeit, die in den nächsten Schritten auf uns zukommt. Schaut auf das, was in eurem Glauben an Gott ähnlich ist, und diese Ähnlichkeiten werden die Grundlage für die Spiritualität der Beziehung sein. Wichtig für den Austausch ist echtes Feedback, nicht jedoch Kritik an dem, was die andere Person offenbart hat. Nachdem sie diese tiefen Überzeugungen einander anvertraut haben, erklärten viele Paare: „Nach all den Jahren zusammen wusste ich das nicht von dir!"

Rituale spielen eine sehr bedeutende Rolle in unseren menschlichen Erfahrungen und können verwendet werden, um wichtige Abschnitte in unserem gemeinsamen Leben zu markieren. Diese Abschnitte haben spirituelle Aspekte. Religiöse Einrichtungen bieten rituelle Zeremonien wie z.b. Taufe, religiöse Feiertage, Konfirmation, Heirat und Beerdigung, um nur einige zu nennen. Rituale stellen eine äußerliche sichtbare Handlung einer inneren Ausrichtung dar. Sie können etwas Bestehendes bekräftigen oder eine Veränderung markieren. Zudem können Ritualen helfen, eine früher eingegangene Verpflichtung aktiv am Leben zu erhalten.

Wenn ein Paar das Ende einer Arbeitsphase erreicht hat und am Beginn einer neuen Phase steht, möchte es vielleicht den Übergang mit einem gemeinsamen Ritual verbinden, z.B. eine Kerze anzünden (oder auch drei Kerzen), ihre gegenseitige Zusage laut auszusprechen oder eine Tür zu öffnen und gemeinsam hindurchzugehen. Wenn es eurem Glauben entspricht, ermutigen wir euch, entweder ein Gebet zu schreiben, das ihr gemeinsam laut sagen könnt oder eines zu suchen, das euren Vorstellungen nahe kommt. Würdigt diesen Fortschritt mit dem Ritual und sprecht das Gebet gemeinsam.

Es gibt nicht den richtigen oder den falschen Weg, um ein positives Ritual zu gestalten. Wenn es darum geht, eure Beziehung zu heilen gibt es nur euren Weg. Es kann ein sehr einprägsames und positives Erlebnis werden, wenn ihr an dieser Stelle ein Ritual ausführt und damit eine Verbindung zum spirituellen Ursprung herstellt. Am bedeutsamsten und wirkungsvollsten ist es dann, wenn es aufrichtig und gemeinsam mit dem Partner zelebriert wird. Für viele haben diese Momente zu intensiver Intimität geführt.

Wir können eigene Gebete oder Affirmationen erstellen, die diese Stelle unserer Genesung kennzeichnen. Es folgen Beispiele, die uns inspirieren können:

> *Höhere Macht, wir bitten demütig darum, dass du uns hilfst, den Weg zu gehen, den du uns vorgezeichnet hast. Sei mit uns, um uns die Wahrheit zu zeigen. Mit der Wahrheit schenke uns Freiheit und Freude. Wir ehren alles, was in der Vergangenheit war, indem wir es uns anschauen, egal ob wir uns dafür schämen oder ob wir stolz darauf sind. Wir wissen, dass alles ein Teil von uns ist und wir alle ein Stück von Deinem Herzen in unserem haben. Wir richten unser gemeinsames Leben nach Wahrheit und Harmonie aus.*

Rituale sind kraftvoll. Sie können die Suche nach einem neuen Glauben dramatisch verkürzen und die alten Glaubenssysteme aufheben, die den Schmerz in eurem Leben und in eurer Beziehung erzeugen. Sinnvolle Rituale und gemeinsam verfasste Gebete können zu Intimität auf tiefster Ebene führen – der Ebene der Spiritualität.

⇨ Arbeitsschritte in diesem Kapitel

1. Lest beide dieses Kapitel.

2. Lest **Anhang A** im hinteren Teil dieses Buches als Leitfaden.

3. Wenn sich dein Gottesbild seit dem Zweiten Schritt in irgendeiner Weise verändert hat, beschreibe es bitte.

4. Beide Partner lesen das Kapitel nochmals und schreiben Beispiele aus ihrem Leben auf, die beim Lesen dieses Kapitels zum Vorschein kommen und die noch immer Angst oder Freude hervorrufen. Bei manchen Sätzen könnten für dich „die Glocken läuten".

5. Was meinst du zu der Behauptung: „Das, was für den Einzelnen am besten ist und was für die Beziehung am besten ist, stellt keinen Widerspruch dar"? Erkläre es.

6. Was meinst du zu der Behauptung, dass die Arbeit an deiner Beziehung tatsächlich in Übereinstimmung mit Gottes Willen geschieht? Erkläre es.

7. Glaubst du, dass deine Beziehung einen höheren Zweck erfüllt als nur Bedürfnisse zu erfüllen? Erkläre es.

8. Wenn du Probleme mit dem Begriff „Gott" hast, kannst du das auf deine Kindheit zurückführen? Wenn ja, dann erkläre es.

9. Was meinst du – ist deine Vorstellung von einer Höheren Spirituellen Kraft gleich oder anders als die deiner Eltern? Erkläre es.

10. Was meinst du zu der Behauptung, dass die Beziehung aus drei getrennten, aber miteinander verbundenen Wesen besteht: ich, du, wir …. und bist du bereit, alle drei Teile an Gott zu übergeben?

11. Wie denkst du darüber, die Beziehung als „Kind" zu betrachten, das ihr beide großzieht? Erkläre es.

12. Vereinbart einen Termin, um eure Arbeit mit eurem Partner zu teilen.

13. Teilt miteinander, was ihr geschrieben habt und beachtet dabei die Empfehlungen im **Anhang A**.

14. Habt ihr beide beschlossen, euren Willen und euer Zusammenleben der Fürsorge Gottes – wie ihr Gott versteht – anzuvertrauen?

15. Überlegt euch gemeinsam ein Ritual und/oder ein Gebet und setzt es in die Tat um.

16. Bedankt euch gegenseitig dafür, dass ihr zugänglich seid für die Heilung von euch selbst und eurer Beziehung.

17. Bewahrt euch selber, euren Partner und eure Beziehung liebevoll in euren Herzen.

MEINE SACHEN, DEINE SACHEN, UNSRE SACHEN: Vierter Schritt

„Wir machten gemeinsam eine gründliche und furchtlose moralische Inventur von unserer Paarbeziehung."

Just do it! (Mach's einfach!)
NIKE[3]

Sicherheit ist meistens ein Aberglaube.
In der Natur existiert sie nicht...
das Leben ist entweder ein wagemutiges Abenteuer
oder Nichts.
HELEN KELLER

Hinweis: die fettgedruckten Textstellen in diesem Kapitel weisen auf die schriftliche Arbeit für euch hin. Am Ende eines jeden Kapitels findet ihr die Arbeitsschritte.

Hinführung zur Selbst-Analyse

Wir haben sorgfältig auf einen Prozess der Selbst-Analyse hingeführt. Angefangen haben wir mit einem Blick darauf, wie wir die Wahrheit von uns fernhalten – durch Verleugnung. Dann haben wir uns angesehen, wie es wirklich um unsere Beziehung steht und auch, wie der weitere Verlauf sein wird, wenn wir nichts unternehmen. Es ist uns wie Schuppen von den Augen gefallen, dass, egal, was wir als Einzelne unternahmen, das Resultat immer wieder das gleiche war, ebenso wie die Richtung in die es ging. An diesem Punkt sind wir zu dem Glauben gekommen, dass die gemeinsame Arbeit an unserer Beziehung durch diesen Prozess wirklich ein Teil davon ist, unsere Willen und unser gemeinsames Leben der Sorge unserer Höheren Macht zu übergeben. Wir machten einen „Glaubenssprung" in dem Wissen, dass eine Macht, größer als wir selbst, dabei hinter uns steht.

Die Entscheidung, mit diesem 12-Schritte-Programm anzufangen, wurde vermutlich getroffen, nachdem sich die Paarbeziehung in ernsthaften Schwierigkeiten befand. Elend, Schmerz und Furcht zwangen uns dazu, unsere Fantasiewelt zu verlassen und der Realität ins Gesicht zu schauen. Möglicherweise brach unsere Abwehr durch emotionale oder physische Trennung oder Scheidung zusammen und wir waren gezwungen, die Konsequenzen unseres Verhaltens anzuerkennen.

Unsere spirituelle Achtsamkeit und das Akzeptieren der Probleme in unserer Partnerschaft bilden nun den Weg für eine lebenslange Reise der Selbstfindung, Heilung und Genesung. Wir fangen damit an, indem wir uns mit uns selbst auseinandersetzen und dabei die nutzlosen, ungesunden und schädlichen Gedanken, Gefühle und Verhaltensweisen in der Beziehung aufdecken, von denen wir einige als Teil unseres sozialen Lernprozesses entwickelt haben.

Jetzt können wir uns anschauen, auf welche Art diese schädlichen Gedanken, Gefühle und Verhaltensweisen uns kontrolliert haben. Wir wollen uns und unsere Beziehung aus ihrem Griff befreien, indem wir sie entweder loslassen oder sie mit der Hilfe unserer Höheren Macht umwandeln.

Drei Aufgaben in einer

Der Vierte Schritt von RCA lautet: „Wir machten gemeinsam eine gründliche und furchtlose moralische Inventur von unserer Paarbeziehung." Wir persönlich haben diesen Schritt dahingehend interpretiert, dass ein dreifacher Job getan werden muss. Jeder von uns muss sich genau anschauen, was wir selber in die Beziehung einbringen und was das Resultat davon ist in Hinsicht auf die Auswirkungen auf uns selber, unseren Partner und die Beziehung. Dann schauen wir uns, jeder für sich, an, welche Auswirkungen die Beziehung auf andere gehabt hat.

Dies ist eine Selbsterkundung. Es ist keine kritische Bewertung der anderen Person oder deren Handlungen. Es ist eine ehrliche Einschätzung davon, wie unsere Beziehung sich auf andere ausgewirkt hat. Wenn es nötig ist, diese drei Sätze auf ein Stück Papier zu schreiben und euch an den Spiegel zu kleben, dann tut dies! Wir haben unser Leben lang auf andere Menschen geschaut und ihren Beitrag zu unserem Glück oder Unglück. Wir wissen genau, welches Unrecht unser Partner uns angetan hat und wir sind bereit, ihm/ihr dies bei jeder Gelegenheit wieder vorzuhalten. Damit soll jetzt Schluss sein. Wenn wir unsere Vermutungen darüber, was unser Partner oder andere unserer Beziehung angetan haben, mitteilen, wird das unserer Beziehung nicht helfen, sondern sie tatsächlich eher schädigen. Dennoch werden wir euch dazu ermutigen, dies noch einmal zu tun und schlagen vor, dass es das letzte Mal ist.

Eine Inventur des Negativen

Ein möglicher Weg, um unseren Beziehungsproblemen auf den Grund zu gehen, ist es, noch einmal eine Grollliste (Beschwerden, Kritik, Wut, Ärger) zu erstellen. Dieses Mal machen wir es so sorgfältig wie wir nur können. Lasst auf dem Papier regelrecht Dampf ab. Jeder listet alles auf, was ihn in Bezug auf den Partner und die Beziehung wütend gemacht oder verletzt hat, in der Vergangenheit wie

auch aktuell. Berücksichtige alle Ängste, jeden Ärger und alte Verletzungen. Nimm ein leeres Blatt Papier und schreibe oben drauf: „ÄRGER UND VERLETZUNGEN DURCH MEINEN PARTNER UND UNSERE BEZIEHUNG". Nimm so viele Blätter, wie du brauchst.

Wenn du damit fertig bist, nimm ein neues Blatt Papier und schreibe oben drauf: „ÄRGER UND VERLETZUNGEN AUS FRÜHEREN BEZIEHUNGEN ALS ERWACHSENER." Führe jeden Ärger oder jede Verletzung auf, an die du dich aus früheren Beziehungen erinnern kannst. Schließlich schreibst du eine dritte Liste mit dem Titel „ÄRGER UND VERLETZUNGEN AUS MEINEN KINDHEITSBEZIEHUNGEN". Egal ob Vater, Mutter, Geschwister, Verwandte, andere Kinder, Lehrer, Geistliche oder Andere. Zähle alle beängstigenden, ärgerlichen und negativ nachwirkenden Vorkommnisse auf, an die du dich aus deiner Kindheit erinnern kannst.

Wenn die drei Listen fertig sind, siehe sie daraufhin durch, ob es irgendwelche Ähnlichkeiten gibt. Wenn z.B. dein jetziger Partner verbal ausfällig wird: gab es schon früher Menschen, die auch so waren? Jetzt, wo du deinen Groll, deine Beschwerden, die Wut und den Ärger aufgeschrieben hast, kannst du sie aus einer übergeordneten Perspektive betrachten und auswerten. Erkennst du irgendwelche Muster? Wiederholt sich etwas, das dich früher beängstigt, verärgert oder verletzt hat, auf ähnliche Art und Weise in späteren Beziehungen und in deiner aktuellen Beziehung? Gibt es einen „roten Faden"? Tauchen z.B. alte Enttäuschungen durch das, was dein Vater oder deine Mutter getan oder nicht getan haben, ähnlich in späteren Beziehungen oder der Jetzigen auf? Gibt es einen Schmerz, der immer wieder kommt? Eines der Symptome einer dysfunktionalen Beziehung sind wiederkehrende Schmerzzyklen. Aus der Dysfunktion hervorgehendes Verhalten kommt nicht nur in der laufenden Beziehung ständig wieder, sondern hat seine Wurzeln schon weit zurück in der Vergangenheit. Sobald diese Muster offen gelegt sind, finden wir Wege für Lösungen, die den Schmerz lindern und dann sogar beenden. Mache eine Liste mit all diesen Ähnlichkeiten.

Diese Listen sollen in der momentanen Form NICHT mit deinem Partner geteilt werden. Und, das sei aus Vorsicht gesagt, lasst die aus der Vergangenheit hochkommenden Gefühle nicht wieder zum Streit führen oder anderswie in euer Zusammensein reinfunken. Es wäre wahrscheinlich klug, dass sich jeder zum Schreiben allein zurückzieht.

Nimm jetzt diese Listen und fange mit einer zweiten Version an. Zu jedem Punkt der ersten Grollliste schreibst du einen neuen Satz, nach dem Schema „Ich fühlte oder fühle (ergänze ein Gefühl) und ich (ergänze, was du gemacht hast), als du (ergänze den Vorgang)". Als Beispiel: „Ich fühle mich verärgert und gekränkt und ich mache emotional dicht, wenn du mich dafür kritisierst, wie das Bad aussieht." Fange immer mit „Ich fühle/fühlte" an, gefolgt davon wie du dich verhalten hast und dann das auslösende Geschehen. Mache das für jeden Punkt der ersten Liste. Hab' keine Angst und sei gründlich. Wir bleiben so krank wie unsere Geheimnisse. Wenn du ein Gefühl nicht einordnen kannst, hilft dir vielleicht die Liste menschlicher Gefühle im Anhang C. Es ist wichtig, einem speziellen Gefühl auch einen entsprechenden Namen zu geben. Sagen, dass man sich „schlecht" fühlt, ist beispielsweise viel zu unpräzise. Bedeutet das deprimiert, verzweifelt, unglücklich, feindselig, zornig, kotzübel oder was? Auf jeden Fall gehört immer der Teil mit „Ich habe … gemacht" in den Ablauf. Diese Informationen werden in späteren Schritten noch gebraucht.

Der Wert dieser Übung liegt darin, zu erkennen, wie DU auf Situationen reagierst, die DIR unangenehm sind. Höchstwahrscheinlich wirst du anfangen, ein Muster für DEIN Verhalten zu sehen. Du erkennst vielleicht auch ein Muster dafür, welche Menschen DU anziehst, wenn du die Situationen anschaust, die DIR unangenehm waren. Das Wichtigste ist auf jeden Fall, zu beobachten, wie DU reagierst. Behalte im Hinterkopf, dass jede Reaktion, die nicht liebevoll ist, wahrscheinlich verletzend ist. Wenn du so behandelt worden wärest, wie du in jenen Situationen ausgeteilt hast, hättest du die Reaktion als liebenswert empfunden? Als wir beide diesen Schritt machten, stellten wir fest, dass für jedes uns angetane „Unrecht", an das wir uns schmerzlich erinnerten, der Andere eine entsprechende Erinnerung hatte, allerdings mit dem Unrecht auf der anderen Seite. Das hat uns wirklich die Augen geöffnet, denn wie die meisten Paare in Schwierigkeiten, haben wir vor allem auf die Fehler des bzw. der anderen geschaut.

Durch die Einbeziehung früherer Beziehungen und unserer Kindheit können wir wahrscheinlich eine Verbindung sehen zwischen den wenig fürsorglichen Beziehungen in der Kindheit, den späteren Beziehungen und massiv der jetzigen Beziehung. Obwohl die Umstände und die Menschen heute andere sind, haben sich weder du selbst noch deine Reaktionen wesentlich geändert.

Unsere dysfunktionale Beziehung baut wahrscheinlich auf Verleugnung auf. Verleugnung ist deswegen so extrem zerstörerisch, weil sie uns unfähig macht, nutzloses und verletzendes Denken und Handeln zu erkennen. An dieser Stelle möchten wir vielleicht noch einmal zu unserer Arbeit im Kapitel über Verleugnung in diesem Buch zurückgehen, damit wir klar sehen, auf welche Weise wir die nüchterne Einschätzung unseres eigenen Verhaltens blockieren.

Kann es jemals wirklich wichtig sein, die Inventur des Verhaltens unseres Partners zu machen? Ja, auf jeden Fall, sobald wir feststellen, dass in der Beziehung schwerer emotionaler und/oder körperlicher Missbrauch vorkommt. Solches Verhalten muss unverzüglich aufhören. Wenn nicht, sollte wahrscheinlich unverzüglich professionelle Beratung in Anspruch genommen und die Vorgaben des Beraters befolgt werden.

Verleugnung hat den Zweck erfüllt, den letzten noch übrigen Rest an Selbstwert und Würde in unserer Partnerschaft zu bewahren; sie hat uns davor geschützt, uns der Realität zu stellen und war bisher wahrscheinlich eine unserer Hauptüberlebenstechniken. Sie hat vielleicht unsere Wahrnehmung verzerrt und unser Urteilsvermögen so stark beeinträchtigt, dass wir uns etwas vormachten und nicht mehr in der Lage waren, unsere Partnerschaft realistisch zu sehen. Durch die Arbeit in den 12 Schritten, besonders durch den Vierten Schritt, können wir uns die

Verleugnung bewusst machen, die uns in einem Zustand des Schmerzes gefangen gehalten hat.

Dies soll eine Inventur über Unrecht und Verletzungen werden, die wir unserem Partner und gemeinsam als Paar Anderen zugefügt haben und wir müssen dabei nicht jeden kleinen Vorfall in unserem Leben als Paar chronologisch aufführen. Es geht mehr darum, uns die Bereiche unserer Partnerschaft anzuschauen, in denen wir dazu neigten, unseren Partner mit Liebesentzug und wenig aufbauend zu behandeln, und die, wo wir als Paar andere Menschen auf respektlose Weise be- oder aus- zunutzen versuchten. Dabei machen wir auch eine Inventur über die Bereiche unserer Beziehung, die positiv und liebevoll sind. Keine Be- ziehung hat nur schlechte oder nur gute Eigenschaften. Es ist wichtig, unsere Stärken und unsere Grenzen gleichwertig zu betrachten. Unser Hauptziel besteht darin, das anzunehmen was wir aufdecken, denn Ge- nesung setzt eher ein, wenn wir unsere Paarbeziehung genau so anneh- men, wie sie ist.

Eine Inventur des Positiven

Als nächstes machen wir eine Inventur unserer positiven Verhaltens- weisen in der Beziehung, des positiven Verhaltens unseres Partners und der guten Seiten unserer Beziehung. Schreibe diese Liste und zeige sie deinem Partner, wann immer und so oft wie du möchtest, aber vor allem, wenn du dein sonstiges Material aus diesem Schritt im Fünften Schritt teilst.

Weitere Bereiche

Weitere untersuchenswerte Bereiche sind unsere Erwartungen aneinander und an die Beziehung. **Wir machen eine Liste davon, was jeder vom anderen erwartet und was wir von der Beziehung erwarten. Fange immer mit dem Wort „ich" an z.b. „Ich erwarte, dass Maria das Essen fertig hat, wenn ich nach Hause komme" oder „Ich erwarte, dass Karl merkt, wenn mir nur nach Kuscheln ohne Sex zumute ist und ich ihm das nicht sagen muss." Für die Beziehung: „Ich erwarte, dass jeder von uns einen Teil des Einkommens in einen Fonds für unsere Rente einzahlt." So hat jeder zwei Listen, „Was ich von meinem Partner erwarte" und „Was ich von der Beziehung erwarte".**

Wenn diese Listen fertig sind, lies sie nochmal durch und mache dir bewusst, dass dies <u>deine</u> **Erwartungen sind, die auf deinem Überzeugungssystem aufbauen.** Sie haben vielleicht gar nichts damit zu tun, wer die andere Person ist oder welches Verhalten miteinander vereinbart wurde. Diese Listen ähneln wahrscheinlich denen, die wir über die Erwartungen von unserem Partner (während wir getrennt geschrieben haben) nur für uns persönlich geschrieben haben. Wir hatten scheinbar unlösbare Differenzen. Inzwischen sind allerdings all diese für uns scheinbar unerreichbaren Dinge in unserer Beziehung ganz normal geworden. Das ist das Wunder der 12-Schritte-Beziehungsarbeit. Was sich nicht ändert, kann immerhin liebevoll verhandelt werden. Aber das kommt alles später. Erst einmal machen wir die Listen unserer Erwartungen.

Weitere Bereiche, die wir anschauen sollten, sind unsere Ängste und wie sie die Beziehung beeinträchtigen. Wenn es passt, zu sagen „Ich habe Angst, dass wir uns scheiden lassen, wenn wir tatsächlich noch tiefer in diese Problematik einsteigen", haben wir ganz bestimmt einige persönliche Punkte, die wir anschauen müssen. Unsere Ängste beinträchtigen die Gesundheit der Beziehung. **Mache eine Liste mit „Ich habe Angst...".**

Missbrauchsfälle

Wir sollten die Beziehung auch hinsichtlich des Vorkommens von Missbrauch betrachten. Alles was keine gute Behandlung darstellt, bezeichnen wir hier als Missbrauch.

Es gibt zwei Arten von Missbrauch – offensichtlichen und verdeckten. Offensichtlicher Missbrauch ist normalerweise ganz deutlich. Das Opfer weiß davon und jeder kann sehen, dass es um Missbrauch geht. Schauen wir uns physischen Missbrauch an. Offensichtlicher, körperlicher Missbrauch sind Ohrfeigen, Schläge, Boxen, Schubsen, Kneifen, übermäßiges Kitzeln oder jede andere Form körperlichem Umgangs, bei dem Schmerzen zugefügt oder Gewalt angewendet wird. Den Partner körperlicher Gefahr auszusetzen (ihn oder sie in einer gefährlichen Situation alleine lassen, die Luft durch Rauchen verpesten, betrunken oder rücksichtslos Auto fahren, wenn der Partner dabei ist, usw.) oder die Grenzen körperlicher Intimität des Partners nicht zu beachten (ihn so berühren, wie er oder sie dich bat, es nicht zu tun, das Bedürfnis nach Ungestörtheit im Badezimmer übergehen) sind auch Formen von offensichtlichem physischen Missbrauch. **Zähle jeden offensichtlichen physischen Missbrauch auf, für den <u>du</u> verantwortlich bist.**

Verdeckter physischer Missbrauch ist nicht so direkt, aber er ist übergriffig und schädigt das Selbstwertgefühl des Partners. Zum verdeckten physischen Missbrauch gehört, wenn man jemanden wegen körperlicher Eigenarten beschimpft oder schlecht macht (Nase zu lang, Brust oder Penis zu klein) und wenn man verunglimpfende Spitznamen verwendet (Fässchen, Kurzer, Brillenschlange). **Zähle jeden verdeckten physischen Missbrauch auf, für den <u>du</u> verantwortlich bist.**

Sexueller Missbrauch kann physisch oder nicht physisch sein. Zum physischen sexuellen Missbrauch gehören sexuelle Nebenaffären und das Erzwingen oder Erschleichen von sexuellem Körperkontakt, wenn unser Partner „nein" sagt. Ebenso gehört dazu, wenn man Drohungen benutzt, um zu bekommen, was man will („wenn du oralen Sex ablehnst, suche ich mir jemanden, der das schon macht").

Sex einzusetzen, nur um körperliche Zuwendung (eine Umarmung oder einen Kuss) zu bekommen, ist unehrlich und schadet. Andererseits, wenn wir unseren Partner selten einfach nur halten oder ihm körperlich Gutes tun und sich unser Partner genötigt sieht, Sex einzusetzen, um körperliche Bedürfnisse nach Zärtlichkeit zu befriedigen, schadet das auch.

Nicht-physischer sexueller Missbrauch geschieht, wenn wir die intime Privatsphäre unseres Partners nicht respektieren, anderen Leuten Details über unser Sexualleben erzählen, die dem Partner peinlich sind oder ihn verletzen, sexuelle Beschimpfung, unbegründete eifersüchtige Beschuldigungen der Untreue und übertriebenes Flirten, um Eifersucht hervorzurufen. Wenn man Informationen zurückhält, die unser Partner braucht, um sich bei sexuellen Fragen richtig zu entscheiden (z.B. bei einer sexuell übertragbaren Krankheit), ist das auch sexueller Missbrauch. **Zähle jeden sexuellen Missbrauch auf, für den <u>du</u> verantwortlich bist.**

Zum verbalen Missbrauch gehören Wutausbrüche oder Herumschreien, Beschimpfungen, Verurteilungen, sich über die Gefühle des Partners lustig oder sie lächerlich machen und Sarkasmus. Zum sozialen Missbrauch zählt, wenn wir unserem Partner vorschreiben, mit wem er befreundet sein darf, wenn wir versuchen, dem Partner die Freiheit zu beschränken, eine angemessene Zeit mit sozialen Kontakten außerhalb der Beziehung zu verbringen oder wenn wir uns in Gesellschaft schlecht benehmen (Betrunkenheit, Wutausbrüche, Arroganz oder Beleidigung anderer). **Zähle jeden verbalen oder sozialen Missbrauch auf, für den <u>du</u> verantwortlich bist.**

Zur Vernachlässigung oder Distanzierung zählen fehlende emotionale Zuwendung, unseren Partner ignorieren, keine Gespräche über Alternativen und Konsequenzen in der Beziehung zulassen, Selbstmordversuche oder deren Androhung, Suchtausagieren (z.B. stoffliche Abhängigkeiten, Spielsucht, Arbeitssucht, übermäßiges Lesen oder Fernsehen, zwanghafte religiöse Rituale, Kaufsucht, Essstörungen und Co-Abhängigkeit). Depressionen, körperliche und psychische Krankheiten können auch Formen der Distanzierung sein. Wenn solche Zustände bestehen, sind die Betroffenen eventuell emotional nicht für ihren Partner verfügbar. **Zähle alle Distanz schaffenden Verhaltensweisen auf, für die _du_ verantwortlich bist.**

Zum intellektuellen Missbrauch gehört, wenn wir die Ideen und Gedanken unseres Partners angreifen oder sie lächerlich machen, uns respektlos gegenüber einer anderen Denkweise unseres Partners verhalten, wenn wir versuchen, die Gedanken und Ideen unseres Partner zu bestimmen oder die Vorgänge der Problemlösung und Entscheidungsfindung unseres Partners manipulieren, unserem Partner sagen, dass er nicht schlau genug sei oder nicht genügend Wissen habe, um etwas zu tun, Tatsachen zurückhalten, die die Entscheidungen unseres Partners beeinflussen könnten, und wenn wir unsere eigenen Ideen, Überzeugungen und Zweifel dem Partner nicht mitteilen. **Zähle jeden intellektuellen Missbrauch auf, für den _du_ verantwortlich bist.**

Zum spirituellen Missbrauch zählt, wenn wir unseren Partner als unsere Höhere Macht benutzen und bereitwillig alles tun, egal wie selbstverletzend es ist, um das Wohlwollen unseres Partners zu gewinnen. Das Gleiche gilt, wenn wir die Rolle der Höheren Macht für unseren Partner einnehmen. Es ist auch spiritueller Missbrauch unseres Partners, wenn wir seine Vorstellung von einer Höheren Macht angreifen oder lächerlich machen (Sarkasmus), wenn wir uns weigern, unsere eigene Vorstellung von einer Höheren Macht mitzuteilen, versuchen zu kontrollieren, wo und wie unser Partner seine Religion ausübt, unseren Partner beim Beten oder Meditieren unterbrechen, von uns selbst oder unserem Partner Perfektion verlangen, niemals unsere Fehler eingestehen oder ein religiöser Fanatiker oder Eiferer werden. **Zähle jeden spirituellen Missbrauch auf, für den _du_ verantwortlich bist.**

Ein weiterer Bereich, den wir untersuchen, ist unsere finanzielle Situation. Zum finanziellen Missbrauch gehören finanzielle Verantwortungslosigkeit, das Zurückhalten finanzieller Informationen, die unseren Partner oder die Paarbeziehung beeinträchtigen, die finanziellen Verpflichtungen unseres Partners zu übernehmen wie z.B. Unterhaltszahlungen für Kinder oder frühere Schulden, unsere finanziellen Verpflichtungen an unseren Partner abzugeben, ohne dafür eine faire Gegenleistung auszuhandeln, die für beide Partner akzeptabel ist („ich verdiene das Geld, um die Rechnungen zu bezahlen, wenn du dich Vollzeit um den Haushalt kümmerst" oder „Ich bezahle die Miete, wenn du den Lebensunterhalt bezahlst"). **Zähle jeden finanziellen Missbrauch auf, für den <u>du</u> verantwortlich bist**

Womit wir hier arbeiten, wird im Fünften Schritt als „Fehler" bezeichnet und im Sechsten Schritt etwas konkreter mit „Fehler des Charakters, der Kommunikation und der Fürsorge" benannt und kann auch als „Mangel" verstanden werden. Wie jeder von uns in ungesunden Situationen reagiert, sind die Mängel der Beziehung als Ganzes.

Es kann auch noch weitere Beziehungsmängel geben, die wir in dieser Inventur zum Vierten Schritt aufnehmen. Wie hat die Partnerschaft anderen Menschen oder Institutionen geschadet? Haben wir als Paar Geld geliehen und nicht zurückbezahlt? Haben wir beide unsere Kinder, Eltern, sonstige Familienangehörige, Freunde oder Nachbarn schlecht behandelt? Oft sind die Kinder aus einer ungesunden Beziehung am meisten geschädigt, weil sie ohne gesunde Vorbilder aufwuchsen. Ist unsere Beziehung ein bisschen in einer „Bonnie-und-Clyde"-Situation[4] – zwei verstrickte Menschen, die in ihren Dysfunktionen zusammenpassen und alle Grenzen überschreiten? **Zählt weitere Menschen auf, denen ihr als Paar geschadet habt durch eure Erwartungen, eure Ängste und durch schlechtes Verhalten.**

Untersuchung unseres eigenen Anteils

In diesem Schritt untersuchen wir sowohl unseren eigenen Anteil in der Beziehung als auch die schädlichen Eigenschaften, die die Beziehung selbst aufweist. Wir haben jetzt eine Grollliste über unseren Partner und unsere Vergangenheit und wir haben dazu geschrieben, wie wir uns in den unangenehmen Situationen verhalten haben. Dann betrachten wir jeden Missbrauch, den wir als Paar in der Beziehung begehen und ergänzen ihn auf der Liste. Wir haben danach eine ziemlich gute Vorstellung davon, in welchem Zustand sich die Beziehung befindet und was unser Anteil an ihrer Krankheit oder ihrer Gesundheit ist.

Unser eigenes Verhalten können wir ändern, nicht das unseres Partners. Aber selbst wenn wir das Verhalten unseres Partners nicht ändern können, so ist es doch möglich, unsere Reaktion auf das Verhalten zu ändern. Dank unserer Liste fangen wir an zu verstehen, was in uns selbst und in der Paarbeziehung Genesung braucht, damit wir Liebe und Freude in der Beziehung erleben können. Unser Partner wird verstehen, welche ungesunden Verhaltensweisen er oder sie in die Beziehung einbringt und wo die Beziehung anderen gegenüber nicht liebevoll ist.

⇨ Arbeitsschritte in diesem Kapitel

1. Lest beide dieses Kapitel.

2. Lest **Anhang A** im hinteren Teil dieses Buches als Leitfaden.

3. Benutze **Anhang C**, um Begriffe zu finden, die Gefühle benennen.

4. Jeder schreibt eine Grollliste. **DIESE LISTE DARF NIEMALS DEM PARTNER GEZEIGT WERDEN, AUCH NICHT IN SCHRITT FÜNF.**

5. Schreibe alle Schmerz- und Verletzungsmuster in der Beziehung auf, die dir bei der Erarbeitung deiner Grollliste auffallen.

6. Jeder benennt seine eigenen Gefühle und Reaktionen (sowohl positive wie negative) zu den Punkten auf der Grollliste und schreibt alles in der „ich"-Form nieder.

7. Jeder liest das Kapitel nochmals durch und schreibt Verhaltensweisen auf, die er in Bezug auf das dargestellte Material einsetzt. (Die fettgedruckten Stellen geben dir Anweisungen). Wenn du willst, kannst du schon Überschriften auf leere Blätter schreiben, z.B. „Grollliste", „Ich-fühle-Liste", „Dinge, die ich an meinem Partner mag", „Dinge, die ich an unserer Beziehung mag", „Erwartungen", „Ängste", „Körperlicher Missbrauch" usw.

8. Schaue nochmal an, was du im ersten Abschnitt dieses Buchs bei „Mit dem Verleugnen aufhören" erarbeitet hast und benutze es als Hinweis, wie du eventuell die Einschätzung deines Verhaltens blockierst.

9. Zeige deine Arbeit nicht deinem Partner, solange du noch daran arbeitest. Teilen findet im nächsten Schritt statt. Du kannst mitteilen, wie du dich bei der Arbeit fühlst, sofern ihr euch beide darauf verständigt, aber nicht die eigentlichen Inhalte der Arbeit.

10. **Bewahre diese Listen an einem sicheren Ort auf, damit du sie in späteren Schritten benutzen kannst.**

11. Denke daran: wenn du willst, dass dein Partner dir vertraut, musst du vertrauenswürdig sein. Du darfst niemals versuchen, heimlich die Schritte-Arbeit deines Partners zu lesen. Dein Partner wird dir zum passenden Zeitpunkt seine Arbeit mündlich mitteilen.

12. Bedankt euch gegenseitig dafür, dass ihr zugänglich seid für die Heilung von euch selbst und eurer Beziehung.

13. Bewahrt euch selber, euren Partner und eure Beziehung liebevoll in euren Herzen.

WIR SIND NUR SO KRANK WIE UNSERE GEHEIMNISSE:

Fünfter Schritt

„Wir gaben Gott, einander und einem anderen Paar gegenüber unverhüllt unsere Fehler zu."

Aufmerksamkeit ist die wichtigste Form, welche die Arbeit der Liebe annimmt. Wenn wir einander lieben, dann geben wir ihm oder ihr unsere Aufmerksamkeit... Die häufigste und wichtigste Art um unsere Aufmerksamkeit auszudrücken ist: Zuhören.

M. Scott Peck, Psychiater

Unsere Fehler zugeben

Es gibt nichts, das spirituell und emotional mehr reinigt, als ein Bekenntnis in einer sicheren Umgebung. Ein guter Psychiater-Freund von uns hat einmal gesagt, dass, wenn er eine Gesellschaft ganz von Anfang an erschaffen könnte, es bei ihm Menschen für eine Beichte gäbe, die unser Fehlverhalten anhören, und Vergebung und Anleitung anbieten würden. Er sagte, dass Schuld bzw. Scham die psychologische Krankheit Nummer Eins unserer Gesellschaft sei. Kombiniert mit Furcht und Angst sind sie das Kernstück unseres dysfunktionalen Verhaltens. Mit Schritt Fünf fängt eine Erlösung davon an, mit den Schritten Sechs, Sieben, Acht und Neun wird der Prozess abgeschlossen.

Unsere Aufgabe im Fünften Schritt ist: „Wir gaben Gott, einander und einem anderen Paar gegenüber unverhüllt unsere Fehler zu."

Nachdem wir genau und ehrlich die Dinge angeschaut haben, die wir unserem Partner angetan haben, die offensichtlichen wie auch die verborgenen, sowohl die „Taten" als auch die „Unterlassungen", sind wir bereit, diese unserem Partner gegenüber in der Gegenwart eines anderen Paares und in der Gegenwart Gottes zu äußern. Der Inventur-Prozess verlangt den Mut, die Verleugnung zu durchbrechen. Wir bleiben bei uns selber und schauen uns den Schaden an, den wir angerichtet haben und nicht den, der vermeintlich uns angetan worden ist. Für viele von uns war dies das erste Mal in unserer Beziehung, dass wir unsere fehlerhaften Handlungen zugegeben haben ohne zu versuchen, diese mit dem Verhalten unseres Partners zu rechtfertigen oder zu entschuldigen. Hier ging es nicht um das „Auge um Auge". Für viele von uns war dies das erste Mal, dass wir überhaupt die Verantwortung für unsere eigenen Handlungen übernommen haben.

Ein Paar finden das uns zuhören kann

Jetzt müssen wir ein Paar finden, das bereit ist, sich unsere Inventur des Guten und Schlechten, die wir im letzten Schritt erstellt haben, anzuhören. Als RCA-Paar solltet ihr viele andere Paare finden können, die diese Rolle übernehmen können. Falls keine RCA-Paare zur Verfügung stehen sollten, können andere vertrauenswürdige Paare zu diesem Zweck herangezogen werden.

Sich für ein Paar zu entscheiden, das den Fünften Schritt anhört, ist eine ernste Angelegenheit. Es wird stark empfohlen, dass diese beiden mit dem Zwölf-Schritte-Programm vertraut sind und dass sie, falls möglich, selber durch diese Schritte gegangen sind.

Vor allem wird von diesem Paar erwartet, dass sie alles, was sie hören, streng vertraulich behandeln und dass sie verstehen, dass ihnen eine Ehre zuteil geworden ist. Wenn sie mit dem Prozess vertraut sind, wird dieses Paar verstehen, dass es menschlich ist, Fehler zu machen. Sie dürfen nicht wertend oder kritisch sein. Ihre Aufgabe ist es, zu unterstützen. Wenn wir verstehen, dass sie von uns nur erwarten, menschlich zu sein, dann kommt das Teilen leichter in Fluss. Falls das von euch ausgewählte Paar mit unserem Programm nicht vertraut ist, nehmt euch im Vorfeld einige Zeit mit ihnen, um den Zwölf Schritte Prozess und ihre Rolle darin mit ihnen durchzusprechen. Sagt ihnen genau, was von ihnen erwartet wird. Die erste Wahl für ein Paar, das sich unseren Fünften Schritt anhört, wäre unser Sponsorpaar oder ein anderes Paar in einer RCA-Gruppe, das diesen Schritt schon selber durchgearbeitet hat. Eine andere Möglichkeit wäre ein Paar, in dem beide selber in Genesung in anderen Zwölf-Schritte-Programmen sind und das eine gesunde Beziehung zu haben scheint.

Andere gute Paar-Kandidaten könnten Geistliche oder Berater mit ihren Ehepartnern sein. Das amerikanische RCA-Dienst-Büro (WSO), der Dachverband von RCA, hat eine Liste von Paaren erstellt, die bereit sind, als Telefonsponsoren zur Verfügung zu stehen. Wenn es in eurer Gegend niemanden gibt, könnte es für euch eine Lösung sein, bei der WSO anzurufen oder eine Mail dorthin zu schicken und zu schildern, was ihr braucht. Fünfte Schritte sind schon mit tausenden von Kilometern Entfernung zwischen den beiden Paaren am Telefon geteilt worden. Das funktioniert. Der beste Fall ist dennoch ein persönliches Treffen.

Es folgt eine kurze Liste, was ihr unbedingt vermeiden solltet,wenn ihr ein Paar auswählt: Sucht kein Paar aus, dem ihr nicht vertrauen könnt. Sucht kein Paar mit einem nahen Verwandten aus. Sucht kein Paar aus, das dem, was ihr teilen werdet kritisch gegenübersteht. Sucht kein Paar aus, das aus beruflichen Gründen (zum Beispiel Polizeibeamte) verpflichtet ist, illegale Handlungen anzuzeigen, von denen ihr in eurer Geschichte möglicherweise berichtet und euch daraus rechtliche Probleme entstehen könnten. Wiedergutmachung kommt zu einem späteren Zeitpunkt, wenn ihr euer Vorgehen, um die Dinge wieder in Ordnung zu bringen, sorgfältig auswählen könnt.

Wir können sogar unseren Fünften Schritt in verschiedene Abschnitte unterteilen. Wenn es einige Dinge gibt, von denen wir wissen, dass sie für unser „Fünfter-Schritt-Zuhörer-Paar" unangenehm zu hören sind, dann sucht euch ein anderes Paar aus, das diese Dinge hören soll. Diese Themen haben möglicherweise etwas mit dem Sponsorpaar zu tun. Damit werden wir uns im Achten und Neunten Schritt beschäftigen und nicht hier im Fünften Schritt. Unser Wunsch alles offenzulegen kann auch nach hinten losgehen und neuen Groll erzeugen. Neuen Mist zu erzeugen, wenn wir gerade damit beschäftigt sind, alten Mist zu entsorgen, ist kontraproduktiv. Benutzt euren gesunden Menschenverstand.

Zu entscheiden, wer das Paar für unseren Fünften Schritt werden soll, gibt uns die Möglichkeit, unsere neuen Kommunikationsfähigkeiten miteinander zu nutzen. Die Partner sollten sich komplett darüber einig sein, wer ihren Fünften Schritt hören soll.

Die Entscheidung, wie wir die drei Teile unserer Bekenntnisse angehen

Wenn dies erledigt ist, dann muss entschieden werden, wie wir die drei Teile angehen wollen: laut voreinander zugeben, einem anderen Paar gegenüber zugeben, vor Gott zugeben. Alle drei Bekenntnisse können gleichzeitig geschehen. Jeder Partner hat eine Liste von Schäden, die er sich selber, seinem Partner, der Beziehung und anderen angetan hat. Es kann bei dem Treffen mit eurem „Zuhörer-Paar" sehr effektiv sein, wenn ihr alle gemeinsam betet, um Gott in diese Zeit der Reinigung mit einzubeziehen und dann sofort zum Teilen der Arbeit, die jeder von euch im Vierten Schritt getan hat, übergeht.

Das ist aber nicht der einzige Weg. Es gibt keine festgeschriebenen Regeln, wie dieser Schritt getan werden muss. Einige von uns fühlen sich vielleicht am besten, wenn sie ihre Inventur zunächst in Form eines Gebets vor Gott bringen und im Privaten die Dinge, die wir im Vierten Schritt herausgefunden haben, vor Gott laut aussprechen.

Einige Paare fühlen sich in diesem Prozess sicherer, wenn sie ihr Material des Vierten Schritts zunächst mit ihrem Partner teilen und dann noch einmal im Ganzen mit einem anderen Paar. Das ist eine Geschmacksfrage und kein Weg ist richtiger als der andere. Wie auch immer ihr diesen Prozess gestaltet, achtet darauf, dass ihr eure Höhere Macht dazu einladet. Eure Arbeit in Schritt Zwei und Drei hat euch eine Höhere Macht zur Seite gestellt, die euch liebt und in diesem Prozess unterstützt und ihr werdet bei diesem Schritt Kraft bekommen, wenn ihr Gott, so wie ihr ihn jetzt versteht, in den Prozess einladet.

Nachdem wir in unserer individuellen Inventur uns erst einmal unseren Groll vom Herzen geschrieben hatten, mussten wir nur unsere Gefühlseinstellungen, die Art, wie wir unseren Partner geschädigt haben und wie unsere gemeinsamen Handlungen andere geschädigt haben, auflisten. Wir durften nicht die Inventur unserer Partner machen, nur unsere eigene. Wir durften nicht aufzählen, wie wir geschädigt worden sind – nur wie wir selbst geschädigt haben. Wir nahmen nur unseren Anteil jeder Situation in unsere Inventur auf. Auf diese Weise werden wir jetzt unsere Inventur in Worte fassen. Die Inventur ist nicht dazu da, andere zu beschuldigen, sondern unseren persönlichen Anteil an schädigenden Situationen offenzulegen. Indem wir unsere schädigenden Handlungen aussprechen, lassen wir in diesem Schritt Gott, uns beide, und ein anderes Paar wissen, dass wir vollständig erkennen, wo wir Fehler gemacht haben und dass wir die Verantwortung für unsere Handlungen übernehmen.

Eine Verabredung mit dem „Zuhörer-Paar" treffen

Wenn ihr entschieden habt, wie und mit wem ihr weitermachen wollt, besteht der nächste Schritt darin, eine Verabredung mit eurem „Zuhörer-Paar" zu treffen. Wir empfehlen sehr, dass dieser Prozess des Fünften Schrittes an einem sicheren Ort durchgeführt wird, so dass es uns leichter fällt, die Last aus unserem tiefsten Inneren loszuwerden. Telefone und andere elektronische Geräte sollten nach Möglichkeit ausgeschaltet werden. Trefft euch allein, ohne Kinder oder andere Ablenkungen. Es sollte keine Zeitbegrenzung geben. In dieser Zeit und an diesem Ort ist der einzige Tagesordnungspunkt der Prozess des Fünften Schrittes.

Wenn ihr eure Arbeit im vierten Schritt teilt, konzentriert euch auf das, was ihr aufgeschrieben habt ohne „Erklärungen" dazu zu geben oder irgendwelche Umschweife. Denkt daran, dass dieser Schritt nur verlangt, dass wir unsere Fehler genau bekennen. Es ist an diesem Punkt weder notwendig noch wichtig zu diskutieren, wie Dinge geändert werden können. Das kommt in den späteren Schritten. Teilt nur die Wahrheit über eure eigenen Handlungen. Einer von euch muss mit dem Teilen anfangen. Ihr könnt darüber beten oder eine Münze werfen und der Gewinner fängt mit dem Teilen über ein Thema an. Danach könnt ihr euch damit abwechseln, wer anfängt.

Als Teil des Zuhörer-Paares oder als Partner des Sprechers solltest du sehr gut zuhören. Wenn Aussagen nicht klar sind, frag nach, um sicherstellen, dass alle Anwesenden die Information verstanden haben. Dennoch: sei nicht kontrollierend. Sei unterstützend. Erkenne die Schwierigkeit, die mit dieser Aufgabe verbunden ist, an. Danke dem Teilenden für seine Offenheit, Ehrlichkeit und Bereitschaft. Mach dir bewusst, dass es eine Ehre ist, an diesem Prozess teilzunehmen. Bewerte nicht. Nochmals: bewerte nicht. Deine Aufgabe ist es, zuzuhören und nicht zu bewerten. Behandle alles, was gesagt wird, streng vertraulich. Was immer in dem heiligen Raum des Fünften Schrittes gesagt wurde, muss in diesem Raum bleiben.

Wenn beide Partner geteilt haben, kann das zuhörende Paar Unterstützung und Ermutigung geben oder eigene Erfahrungen teilen, die interessant oder unterstützend sein könnten. Das Paar, das geteilt hat, hat auch die Möglichkeit, seine Gefühle in Bezug auf die Erfahrung zu teilen. Dies ist nicht der Zeitpunkt, eine Diskussion über das Gehörte zu beginnen. Denkt daran, jeder von euch schaut auf seinen „Beziehungskram" aus SEINER Perspektive. So wie du deine Perspektive teilen kannst, darf dein Partner ohne deinen Kommentar oder deine Kritik teilen.

Abschluss

Der letzte Teil dieses Schrittes ist der Abschluss. Wir können dies mit Umarmungen, einem Gebet, einem Segensspruch oder einem Schrei der Erleichterung, all dem zusammen oder irgendetwas anderem tun, was diese spirituelle Zeit und diesen heiligen Raum abschließt und uns in den Alltag zurückführt.

⇨ Arbeitsschritte in diesem Kapitel

1. Lest beide dieses Kapitel.

2. Lest **Anhang A** im hinteren Teil dieses Buches als Leitfaden.

3. Entscheidet, wer euer „Zuhörer-Paar" sein soll.

4. Entscheidet, wie ihr mit Gott, eurem Partner und einem anderen Paar teilen wollt.

5. Verabredet euch mit dem anderen Paar und achtet darauf, dass der Rahmen für euch angenehm ist.

6. Teilt das Material des vierten Schrittes, so wie vereinbart.

7. Sorgt für einen guten Abschluss.

8. Bedankt euch gegenseitig und bei eurem Zuhörer-Paar, dass sie euch zur Verfügung gestanden haben, um Heilung für euch und eure Beziehung zu ermöglichen.

9. Bewahrt euch selber, euren Partner, euer Zuhörer-Paar und eure Beziehung liebevoll in euren Herzen.

UMDENKEN UND BEREIT WERDEN: Sechster Schritt

„Wir waren völlig bereit, all diese Fehler des Charakters, der Kommunikation und der Fürsorge von Gott beseitigen zu lassen."

Man muss nicht für alles eine Erklärung haben.
Gesteh Dir ein, dass es so etwas wie Wunder gibt –
Ereignisse, für die es keine logischen Erklärungen gibt.
Vielleicht gibt es später eine einfache Erklärung dafür.

HARRY BROWNE

Wir überprüfen unsere Vorbereitung auf den Sechsten Schritt

Indem wir die Schritte bis hierhin abgeschlossen haben, waren wir wahrscheinlich mutiger als jemals zuvor in unserer Beziehung. Wenn wir ehrlich waren, haben wir unser wahres Selbst mit all unseren Talenten und Stärken sowie unseren Unvollkommenheiten gezeigt. Wir haben unserem Partner erlaubt, die verletzliche Seite unserer Persönlichkeit zu sehen – ein sehr großer Schritt zu echter Intimität. Wir haben wahrscheinlich gelernt, ein bisschen mehr auf unsere Höhere Macht, auf unseren Partner und auf andere Menschen zu vertrauen. Und wir erleben wahrscheinlich erstaunlich viele Gefühle, die bisher entweder tief in uns vergraben waren oder auf unangemessene oder unwirksame Art zum Ausdruck kamen.

Schritt Sechs lautet: „Wir waren völlig bereit, all diese Fehler des Charakters, der Kommunikation und der Fürsorge von Gott beseitigen zu lassen."

Zu erkennen, wie wir uns selbst und andere durch unsere Überzeugungen und Handlungen schaden, und damit aufzuhören sind zwei Paar Stiefel. Wahrscheinlich hat die Arbeit an den Schritten bis zu diesem Punkt einige sehr unangenehme Erinnerungen hervorgerufen. Wir würden uns wahrscheinlich wünschen, dass sie einfach verschwinden. Ohne weitere Arbeit werden sie das jedoch wahrscheinlich nicht tun. Sie werden dort sitzen wie eine Gräte in unserem Hals, bis wir sie loslassen. Sie loszulassen ist dann der Schlüssel. Im „Blauen Buch" der Anonymen Alkoholiker – die das 12-Schritte-Programm begründeten – wurde das, was wir heute die „Versprechen" nennen, innerhalb des Neunten Schrittes so beschrieben: „Wir wollen die Vergangenheit weder beklagen noch die Tür hinter ihr zuschlagen".[6] In dem Stadium, in dem wir uns jetzt befinden, würden wir jedoch höchstwahrscheinlich lieber die Tür schließen, die Vergangenheit vergessen und nie wieder daran denken, weil sie Schmerz, Schuld, Scham, Angst und Wut hervorruft. Wir wissen aus schmerzhaften Erfahrungen der Vergangenheit, dass es, wenn wir keine Maßnahmen ergreifen, wahrscheinlich nur mehr davon geben wird und keine Abhilfe. Hier im Sechsten Schritt beginnen wir, einige Entscheidungen darüber zu treffen, was wir mit den alten Glaubenssätzen machen sollen, die nach unserem jetzigen Verständnis dazu beitragen, unser Unglücklichsein zu zementierten und in einer freudlosen Partnerschaft zu leben.

Nachdem wir uns die Mühe gemacht und die ersten fünf Schritte gearbeitet haben, sind wir nun bereit, die notwendige Arbeit am Sechsten Schritt anzugehen. Wir haben unsere schädlichen Verhaltensweisen erkannt und verstehen, wie sie unsere Beziehungen zu anderen geschädigt haben. Wir haben gesehen, dass diese schädlichen Verhaltensweisen aus falschen Glaubenssätzen entstanden sind, die wir den größten Teil unseres Lebens mit uns herumgetragen haben. Wir fühlen uns schnell schuldig, aber es ist wichtig, dieses Gefühl beiseite zu legen. Uns selbst und unseren Partner so zu akzeptieren, wie wir gerade sind, ist ein wichtiger Schritt in unserem Wachstum. Früheres Verhalten und vergangene Ereignisse zu ändern ist nicht möglich und für die weitere Genesung unserer Beziehung nutzlos. Wenn ihr an dieser Stelle Hilfe bei der jetzt erforderlichen Annahme benötigt, lest das Kapitel des Ersten Schrittes noch einmal.

Im Sechsten Schritt geht es darum, Gott aus dem Weg zu gehen, damit Gott uns dabei helfen kann, mit unserem Leben, mit unserem Partner und besonders mit unserer Beziehung gesünder umzugehen. In der Vergangenheit haben wir vielleicht alles Mögliche versucht, um die Schmerzen, die ungesunde Beziehungen mit sich bringen, zu überwinden oder los zu werden, aber wir konnten weder unsere Probleme lösen noch die Beziehung wieder in einen gesunden Zustand versetzen. Nachdem wir die Schritte bis hierher gearbeitet haben, haben wir eine ziemlich gute Vorstellung davon, was geändert werden muss. Wie es in einem berühmten, amerikanschen Comic einmal gesagt wurde: „Wir haben den Feind getroffen und er ist in uns."[7] Was wir einst für Probleme hielten, müssen keine Probleme mehr sein. Ein Problem ist nur so lange ein Problem, bis wir eine Lösung dafür haben. Bis zu diesem Punkt in unserer Schritte-Arbeit haben wir Probleme und unseren Anteil daran identifiziert. Jetzt kennen wir die Ursache: Jeder von uns beiden und unsere ineffektiven Überzeugungen. Sie haben uns kein Glück, keine Gelassenheit und keine Freude gebracht. Sie haben stattdessen Streit und Schmerzen erzeugt. Jeder von uns weiß jetzt, dass das Problem in uns selbst liegt. Die ganze Zeit haben wir vielleicht gedacht, dass der oder die andere das Problem sei. Das war die halbe Wahrheit. In Wirklichkeit ist der Einzige, den wir wirklich ändern können, wir selbst. Wenn sich zwei Personen in einer Beziehung ändern, ändert sich auch die Beziehung.

Notwendige Entscheidungen

Jetzt verstehen wir die Probleme und ihren Ursprung und müssen Entscheidungen treffen, um sie zu lösen. In diesem Schritt betrachten wir mögliche Entscheidungen und analysieren, welche für uns am besten sind. Wir haben die Wahl. Wenn wir Wahlmöglichkeiten haben, geht es uns besser. Medizinische Studien belegen einen direkten Zusammenhang zwischen unserer Entscheidungsfreiheit und unserer allgemeinen Gesundheit. Unser Immunsystem ist ohne Entscheidungsfreiheit geschwächt. In Situationen, in denen wir keine Kontrolle zu haben scheinen (keine Wahlmöglichkeiten), leiden wir unter Stress. Mit Entscheidungen gedeiht unser Immunsystem, obwohl es Stress gibt. [8]

Jetzt heißt es, unsere Wahlmöglichkeiten zu überprüfen und klare Entscheidungen zu treffen, die das beste Ergebnis bringen. In diesem Prozess müssen wir sehr ehrlich in Bezug auf unsere Vergangenheit und unsere damaligen Entscheidungen sein. Wenn wir jetzt wieder so nutzlose Entscheidungen treffen wie in unserer Vergangenheit, dann sind wir wieder da, wo wir anfangs waren – bei der Verleugnung. Wir schreiben jetzt alle Entscheidungen auf, die wir in der Vergangenheit getroffen haben und die nichts gebracht haben und nennen sie „schon gesehen, haben wir versucht, hat nicht funktioniert". Dann schauen wir uns die neuen Optionen an.

Im Dritten Schritt haben wir beschlossen, unseren Willen und unser gemeinsames Leben der Sorge unserer Höheren Macht zu überlassen. Der Sechste Schritt bietet uns eine weitere Chance, unseren Eigenwillen aufzugeben und daran zu arbeiten, Gottes Willen für uns als Individuen und für die Paarbeziehung zu verstehen. Es ist eine Gelegenheit, uns selbst und die Beziehung für Gottes Fürsorge und VERTRAUEN zu öffnen. Diese Entscheidung wird uns Frieden, Verständnis, Freude und Liebe bringen. Im Sechsten Schritt geben wir unsere Mängel in Bezug auf Charakter, Kommunikation und Fürsorge nicht auf. Wir erkennen lediglich unsere Bereitschaft dazu an.

Die Beziehung eines jeden Menschen zu seiner Höheren Macht ist sehr persönlich. Jeder findet in seinem eigenen Tempo und auf unterschiedliche Weise zu seiner Höheren Macht. Für einige ist es ein schneller Prozess, bei den meisten ist er eher langsam mit vielen Höhen und Tiefen. So wie wir Erleichterung finden, wenn wir unseren Willen und unser Leben Gott übergeben, so schnappen wir uns beides schnell wieder zurück, wenn wir Angst haben. In einer der Religionen wird der Glaube mit einem winzigen Senfkorn verglichen, das gepflegt und genährt werden muss.[9] Wenn es gut gehegt wird, kann daraus ein wunderbares, reifes Prachtexemplar werden.

Viele von uns haben in ihrer Kindheit gelernt, Gott um „Dinge" zu bitten. „Gott, bitte schenke mir ein Pony" beteten wir. Jetzt, als Erwachsene, beten wir vielleicht auf die gleiche Weise weiter. „Gott, bitte gib mir die perfekte Beziehung." Wenn wir statt dessen dann Schmerz bekommen, verstehen wir nicht, dass wir genau das bekommen haben, worum wir gebeten hatten: eine perfekte Beziehung. (Wir hatten nicht verstanden, dass die „perfekte" Beziehung diejenige ist, die uns mit unseren nicht geheilten Problemen aus unserer Vergangenheit konfrontiert.) Wir haben jeweils den vollkommen richtigen Partner ausgewählt, der dieses nicht geheilte Zeug am besten hervorbringen kann und, wenn unser Partner dazu bereit ist, uns in unserer Genesung unterstützt.

Viele religiöse Traditionen haben festgestellt, dass der schnellste Weg zu Glück und Erfolg der ist, im Gebet unsere Charakterfehler auszusprechen und um Führung zu bitten. Gottes Wille für uns ist immer zu unserem Besten. Deshalb ist es wichtig, beim Gebet Raum für Stille zu lassen, um Gottes Willen für uns zu hören. Wir werden dadurch in unserem Entscheidungsprozess wahrscheinlich Möglichkeiten sehen, an die wir noch nie gedacht hatten. Oder wir erhalten die Bestätigung, dass unsere Entscheidungen im Einklang mit der höheren Ordnung der Dinge sind.

Es ist wichtig zu verstehen, dass es einer bewussten Entscheidung bedarf, vollkommen bereit zu sein, damit Gott unsere Mängel in Bezug auf Charakter, Kommunikation und Fürsorge beseitigen kann. Es ist eine Wahl und daher gesund. Unabhängigkeit und Kontrolle werden in unserer Gesellschaft im Allgemeinen hoch angesehen. Sich auf andere zu verlassen wird oft als sich vor Verantwortung drücken oder Schwäche gewertet. Wenige Menschen geben zu, sich für ihre Erfolge auf eine Höhere Macht verlassen zu haben. Es kann sehr schwierig sein, die Lehren und Erwartungen der Gesellschaft zu überwinden. Hinzu kommt, dass viele unserer schlechtesten Charakterzüge gerade diejenigen sind, die uns durch unsere Kindheit gebracht haben. Wir wissen nicht, ob wir „sicher und geborgen" sein werden, wenn wir diese Eigenschaften loslassen.

Wenn wir zum Beispiel als Kind gelernt haben, dass man Konflikte durch Brüllen oder Toben beenden kann, dann haben wir das wahrscheinlich ins Erwachsenenalter mitgenommen und setzen es im Konfliktfall in unserer Beziehung immer noch ein. Wir müssen jetzt entscheiden, dass dieser Charakterfehler uns langfristig nicht mehr die gewünschten Ergebnisse bringt und es Zeit ist, sich davon zu verabschieden.

Überprüfen der zuvor erstellten Listen

Seht euch die Listen an, die ihr im Vierten Schritt erstellt und im Fünften Schritt geteilt habt. Im Sechsten Schritt treffen wir nun eine bewusste Entscheidung, dass wir ineffektive Verhaltensweisen loslassen möchten und wie wir das tun wollen.

Es wäre eine Überforderung, alle unsere Mängel in Bezug auf Charakter, Kommunikation und Fürsorge selbst zu beseitigen. Bevor wir die ersten fünf Schritte durchgearbeitet haben, waren sich viele von uns nicht einmal der Hälfte unserer unangemessenen Verhaltensweisen oder Charakterfehler bewusst. Doch jetzt sind wir bereit, mit Gott zusammenzuarbeiten, um unsere Mängel zu beseitigen. Es ist wichtig anzumerken, dass wir, um diesen Schritt zu machen, nicht unser Wesen ändern müssen – dafür aber „vollkommen bereit sein" müssen.

Jetzt ist es an der Zeit, unserem Partner zu versprechen, dass wir bereit sind, alle persönlichen Charakterfehler, die das Wohlergehen der Beziehung beeinträchtigen, beseitigen zu lassen. Das bedeutet, dass wir eine Liste unserer Charakterfehler erstellen müssen, die wir im Vierten Schritt identifiziert haben sowie alle anderen, die uns jetzt bekannt sind. Der nächste Schritt ist die Entscheidung, wie wir gemeinsam mit Gott unser ineffektives Verhalten beseitigen können. Wir müssen entscheiden, welche Art von Hilfe wir in Anspruch nehmen, damit Gott mit uns arbeiten kann. Dies kann bedeuten, dass wir zu anderen 12-Schritte-Gruppen gehen, z. B. den Anonymen Alkoholikern, Anonymen Co-Abhängigen, Overeaters Anonymous, Anonymen Sex- und Liebessüchtigen oder den Anonymen Nikotinabhängigen. (Es gibt über 100 verschiedene Gruppen, welche die 12 Schritte für spezielle Probleme oder Süchte adaptiert haben). Oder wir suchen einen Therapeuten oder Seelsorger auf oder nutzen ein kommerzielles Angebot, das unsere spezielle Situation verbessern kann. Was auch immer wir entscheiden, wir müssen etwas anderes tun als das, was vorher nicht funktioniert hat. Genau dasselbe zu tun wie schon immer und andere Ergebnisse davon zu erwarten wird von manchen Menschen in 12-Schritte-Programmen als „geisteskrank" bezeichnet. Gott wirkt Wunder durch andere Menschen und Programme, sobald wir willens sind und diese Ressourcen suchen und nutzen.

Die "Wir-Themen" ansehen"

Bis jetzt haben wir in erster Linie uns beide als Individuen in einer Beziehung betrachtet und verstanden, wie wir beide zur Instabilität der Beziehung beitragen. Es gibt jedoch definitiv auch einige „Wir-Themen", wo wir uns auf Veränderungen einigen müssen. Da gibt es sicher einige. Ein guter Anfang für eine Liste ist jedoch das, was RCA „tödliche Probleme" nennt. Das sind (1) Sex; (2) Geld; (3) Kinder; (4) Rollen, Regeln und Grenzen; (5) Vertrauen; (6) alte Verhaltensweisen; (7) Kontrolle der Rückfälle des Partners; (8) Familie des Partners; (9) unfairer Streit und (10) keine gemeinsamen Interessen haben.[10]

Es ist wichtig, dass auch das Paar bereit ist, von seinen Mängeln befreit zu werden. Auch wenn ein Partner „vollständig bereit" ist, bedeutet dies nicht automatisch, dass die Paarbeziehung dazu bereit ist, da bei jedem Beziehungsproblem beide Partner ihren Anteil daran haben. Wenn wir z.b. beide zur finanziellen Schieflage der Beziehung beitragen, können wir uns gemeinsam an die Zwölf-Schritte-Gemeinschaft „Debtors Anonymous" oder einen Schuldenberater wenden. Vielleicht möchten wir beide zur Erziehungsberatung gehen, um eine bessere Problemlösung für unsere ganze Familie zu finden. Wenn einer zu AA geht, kann der andere möglicherweise Al-Anon, Erwachsene Kinder Suchtkranker Eltern oder CoDA brauchen. Gott bietet viele Wege und Möglichkeiten, um unsere ineffektiven Verhaltensweisen aufzulösen.

Gott wird uns helfen, uns von unseren Beziehungsproblemen freizuschaufeln, aber wir sollten die Schaufel mitbringen.

Trauer: ein Weg, vollständig bereit zu werden, loszulassen

Vielleicht gibt es in unserem Leben Dinge, die, obwohl sie schädlich sind, uns schon so lange begleiten, dass es schmerzhaft wäre und echte Verlustgefühle hervorrufen würde, sie loszulassen. Zum Beispiel stellen viele genesende Süchtige fest, dass sie zwar vom Kopf her die katastrophalen Probleme, die die Abhängigkeit in ihrem Leben verursacht hat, verstehen, dass es sich aber tatsächlich so anfühlt, als würde man einen „alten Freund" vermissen. Obwohl der alte Lebensstil Leid gebracht hatte, so bedurfte es noch einiger Anstrengung und Trauer, um ihn loszulassen. Der Tod eines Lebensstils konnte so intensiv wie der Verlust anderer Menschen oder Dinge sein, die uns sehr lieb waren. Die bewusste Trauer um unsere Verluste, auch um Verluste von Dingen, die wir nicht mehr brauchen oder wollen, ist sehr wichtig, um loszulassen und weiter voranzukommen.

Den Verlust unserer alten Glaubenssysteme samt der daraus resultierenden Formen des Ausagierens anzunehmen, kann ernsthafte Trauer erfordern, bevor wir „vollkommen bereit" sind, sie von Gott entfernen zu lassen. Wenn wir als Kinder kritisch beurteilt wurden, lernten wir, andere zu bewerten. Jetzt, als Erwachsene in Beziehungen, stellen wir fest, dass unsere Intoleranz (Bewertung) des Verhaltens unserer Partner dazu führt, dass wir wütend werden und durch unser Verhalten der Beziehung schaden. Wir haben dieses Verhalten schon so lange, dass es uns in Fleisch und Blut übergegangen ist. Wann immer wir mit Handlungen konfrontiert werden, die es uns ermöglichen, zu bewerten, fühlen wir uns dazu berechtigt. Es ist wirklich ungewohnt für uns, diese und andere Verhaltensweisen als zerstörerisch und als etwas zu erkennen, das beseitigt werden muss. Aber unser vierter Schritt hat uns gezeigt, dass wir Beziehungsprobleme verursachen, wenn wir nach diesen alten Glaubenssätzen handeln. Wenn wir uns mitten in einer "Du gibst mir das Gefühl", „Du sagst immer" oder "Du solltest"-Phase befinden, kann es schwierig sein, anstatt dessen zu sagen: „Ich fühle......, wenn du ......, und ich weiß, dass das, was ich fühle, mehr mit mir und meinen Sachen zu tun hat als mit dem, was du tust. Hilfst du mir, mein emotionales Gepäck zu verarbeiten, um dieses Problem zu lösen?"

Die fünf Phasen der Trauer

Die fünf Phasen der Trauer sind (1) Verleugnung, (2) Wut, (3) Verhandeln, (4) Depression und (5) Annahme. Diese Phasen wurden ursprünglich von Elisabeth Kübler-Ross als „Die fünf Phasen des Empfangs katastrophaler Nachrichten" definiert.[11] Im Mittelpunkt des Prozesses steht die Tatsache einer Veränderung. Jede Veränderung bringt einen Verlust mit sich. Wenn es einen Verlust gibt, gibt es Trauer. Selbst wenn wir Veränderungen zum Besseren vornehmen, gibt es immer noch Verlust und Trauer. Ehemalige Raucher stellen fest, dass sie manchmal die vermeintliche Freude am Rauchen vermissen. Dieser Gedanke ist natürlich Verleugnung, die erste Stufe der Trauer: „Mann, die Zigarette riecht gut, ich hab total Lust drauf." In schneller Folge kommt die Wut: „Mist, ich dachte, ich wäre darüber weg." Dann kommt die Verhandlung:„ Nur eine Zigarette kann nicht schaden; ich verdiene eine Belohnung." Dann kommt die Depression:„ Ich Armer, das darf ich nicht mehr." Und schließlich die Annahme: „Gott sei Dank, dass ich diese Zigarette nicht genommen habe, wenn ich nicht aufgehört hätte zu rauchen, wäre ich jetzt vielleicht tot." Sekundenschnell durchlaufen wir diesen Prozess, wenn wir von der Sucht genesen. Jedes erneute Betrauern stärkt unser „Nichtraucher"-Glaubenssystem.

Der gleiche Prozess läuft ab, wenn wir unsere beziehungsorientierten Glaubenssysteme ändern. Möglicherweise müssen wir unsere Charakterfehler einen nach dem anderen betrachten und in einem formellen Trauerprozess verabschieden. Vielleichte müssen wir jede Phase wirklich spüren, damit wir irgendwann mit den neuen Glaubenssystemen, die wir etablieren, weitermachen können. Wenn wir festgestellt haben, dass das Beschimpfen und Anschreien unseres Partners schädlich sind, müssen Beschimpfen und Anschreien möglicherweise betrauert werden, bevor sie in unserem persönlichen Leben Nebenrollen bekommen. Fürsorge, Zuhören und Kommunizieren müssen die Hauptrolle übernehmen. Damit das geschehen kann, muss das alte Verhalten für tot erklärt und als nicht mehr gültig betrachtet werden, seine Kraft und dann der Verlust müssen gefühlt werden und schließlich mit einem besseren Verhalten ersetzt werden, das von Mal zu Mal stärker wird.

Die Trauerphasen laufen möglicherweise nicht in der Reihenfolge ab, in der sie hier aufgeführt sind. Sie können auch unterschiedlich lang dauern. Eine Phase kann länger dauern als andere.

Mit dem Trauerprozess vertraut zu sein ist sehr hilfreich. Eine Innenschau kann dir sagen, wie du mit Änderungen umgehst. Wenn du nicht weiterkommst, brauchst du möglicherweise zusätzliche Wege, um die Änderungen zu verarbeiten. Wenn du negative Glaubenssysteme und anhaltende Probleme mit unangemessenem Verhalten feststellst, kannst du eine Reihe von Maßnahmen ergreifen, um schneller zu einem besseren Denken, Fühlen und Verhalten zu kommen. Diese werden im nächsten Kapitel besprochen.

„Völlig bereit" werden

Sind wir jetzt, nachdem wir uns angesehen haben, welche Änderungen vorgenommen und welche Entscheidungen getroffen werden müssen um fortzufahren, bereit, Gott alle diese Mängel in Bezug auf Charakter, Kommunikation und Paarfürsorge beseitigen zu lassen?

Wir möchten evtl. eine spezielle Paarzeremonie entwickeln, um unsere veränderte Bereitschaft rituell zu gewichten. Spirituelle Zeremonien werden in fast allen alten und neuen Kulturen verwendet, um Veränderungen im Lebensstrom zu markieren. In Beziehungen können spirituelle Zeremonien kraftvoll sein.

⇨ Arbeitsschritte in diesem Kapitel

1. Lest beide dieses Kapitel.

2. Lest **Anhang A** im hinteren Teil dieses Buches als Leitfaden.

3. Als ihr im Vierten Schritt eure Groll-Liste in die zweite Form gebracht habt, habt ihr eure Aussagen mit „Ich habe gefühlt ", „Ich habe getan" und zuletzt mit „als du ..." begonnen. Nimm diese Liste noch einmal zur Hand und markiere oder kopiere die „Ich habe getan"- Aussagen. Wir versuchen in unserer zukünftigen Beziehungsdynamik diejenigen Handlungen, mit denen wir zur Beziehungsproblematik beigetragen haben, zu ändern. Jeder Partner listet die Problembereiche und Themen auf, die er selber in die Beziehung einbringt, sowie die gemeinsamen Problembereiche der Beziehung.

4. Jeder bestimmt die eigenen Gefühle und Reaktionen auf diese Punkte und entscheidet, was er tun muss, um den eigenen Anteil der Situation zu verbessern. Dann betrachtet jeder mögliche Handlungsschritte für die gemeinsamen (Beziehungs-) Angelegenheiten.

5. Beide teilen was sie als ihre Problembereiche erkannt haben und was sie diesbezüglich tun möchten.

6. Beide teilen was sie als größere Beziehungsprobleme ansehen und ihr einigt euch darauf, wie ihr die Probleme angehen wollt. Beginnt am besten eine Einigung über einige kleinere Probleme zu finden, um dann an den größeren zu arbeiten.

7. Versprecht einander oder schließt sogar einen Vertrag mit eurem Partner ab, dass ihr diese neuen Verhaltensweisen anwenden werdet (siehe **Anhang E** für einen Mustervertrag, falls erforderlich).

8. Wenn es euch schwer fällt, völlig bereit zu werden, die problematischen Gedanken, Gefühle und Verhaltensweisen loszulassen, zieht in Betracht, sie als Teil des Verlusts zu betrauern.

9. Sind beide Partner völlig bereit, Gott alle diese Mängel in Bezug auf Charakter, Kommunikation und Fürsorge beseitigen zu lassen?

10. Bedankt euch gegenseitig dafür, dass ihr zugänglich seid für die Heilung von euch selbst und eurer Beziehung.

11. Bewahrt euch selber, euren Partner und eure Beziehung liebevoll in euren Herzen.

GOTT ÜBERLASSEN:
Siebter Schritt

„Demütig baten wir Gott, unsere Mängel von uns zu nehmen."

So bald sich unser Selbst-Bild ändert,
ändert sich unser Verhalten und passt sich
unserem neu erworbenen Selbst an.

CARL ROGERS

Demut: das Prinzip des Siebten Schrittes

„Demütig baten wir Gott, unsere Mängel von uns zu nehmen." Dies ist der Auftrag des Siebten Schrittes.

Die meisten Zwölf-Schritte-Gruppen betrachten „Demut" als das Prinzip hinter diesem Schritt. Die 12 Schritte können zu keinerlei Zufriedenheit oder Erfolg führen, wenn nicht ein gewisser Grad an Demut vorhanden ist.

Was aber ist Demut? Wenn wir in ein Wörterbuch aus der Gründerzeit der Anonymen Alkoholiker blicken, finden wir folgende Definitionen:

demütig: *1. In bescheidener Weise; mit bescheidener Unterwürfigkeit; mit Demut. 2. In einem niedrigen Zustand; ohne Erhebung.*

bescheiden: *1. in Maßen; nicht übertrieben oder extrem; nicht extravagant.*

Demut: *1. frei von Stolz und Arroganz; Demut des Geistes; eine bescheidene Einschätzung des eigenen Wertes; auch Selbsterniedrigung; Buße für die Sünde. 2. Ein Akt der Unterwerfung.*[12]

Gemäß dieser Definitionen aus dem Jahr 1935 handelt jemand demütig, wenn er mit Unterwürfigkeit in einer Weise, die eine gemäßigte (nicht-extreme) Selbsteinschätzung widerspiegelt, agiert. Andere, zeitgemäße Definitionen wie z.B. „eine niedrige Meinung über sich selbst haben" oder „ein tiefes Gefühl der Wertlosigkeit vor Gott" werden manchmal mit eingebracht, treffen aber nicht die eigentliche Bedeutung. Für unsere Zwecke hier verwenden wir jedoch als Definition: *demütig handeln bedeutet in einer unterwürfigen Weise zu handeln, die eine gemäßigte Selbsteinschätzung widerspiegelt.* Wenn wir erfolgreich die Schritte erarbeiten wollen, ist eine zu hohe oder zu niedrige Selbsteinschätzung nachteilig. Demut hat mit „angemessener Selbsteinschätzung" zu tun. Im „Blauen Buch" der Anonymen Alkoholiker schrieb der Mitbegründer Bill Wilson über seine erste wichtige Begegnung mit diesem Konzept:

Dort empfahl ich mich demütig Gott, so wie ich Ihn damals verstand und bat Ihn, mit mir zu tun, was Er wolle. Ich vertraute mich uneingeschränkt Seiner Fürsorge und Leitung an. Zum ersten Mal gab ich zu, dass ich von mir aus nichts war; ohne Ihn war ich verloren. Schonungslos bekannte ich mich zu meinen Sünden und war bereit, sie von diesem neu gewonnenen Freund mit Stumpf und Stiel von mir nehmen zu lassen.[13]

Ein grundsätzliches Prinzip: wir sind nicht Gott

Eine wichtige Aussage, die wir oft in 12-Schritte-Programmen hören, ist „Es gibt einen Gott – und du bist es nicht." Demut bedeutet, dass dir bewusst ist, wer du bist und wer du nicht bist. Die Prinzipien, die wir bisher in unserer Schritte-Arbeit befolgt haben – wie Ehrlichkeit und Wahrhaftigkeit – haben uns einen tieferen Einblick gewährt in wer wir sind und wer wir nicht sind, als Paar und als Individuen. Wir waren in der Lage, diese Wahrheiten miteinander und mit anderen Personen zu teilen. In diesem Schritt werden wir Einsicht bekommen in unsere Begrenzungen; gleichzeitig werden wir uns aber bewusst, dass es eine Höhere Macht gibt, die uns hilft, unsere Begrenzungen zu überwinden, wenn wir das ernsthaft suchen.

Das Gelassenheitsgebet, wie wir es für Paare angepasst haben, lautet: „Gott, gebe uns die Gelassenheit, die Dinge anzunehmen, die wir nicht ändern können; den Mut, die Dinge zu ändern, die wir ändern können und die Weisheit, das eine vom anderen zu unterscheiden." In diesem Gebet bitten wir um Demut. Zusätzlich bitten wir um Göttliche Hilfe in jenen Bereichen, in denen wir machtlos sind. Uns wird bewusst, dass Harmonie und Gleichgewicht, die wir zwischen uns und mit anderen und mit unserer Höheren Macht erfahren, uns ein friedliches Leben bescheren. Dieses sich ausweitende Verständnis rückt uns weg von der Selbstsucht hin zu Selbstlosigkeit. Wir bewegen uns in Richtung eines freudvollen Lebens und eines freudvollen Lebens zusammen mit unserem Partner; dieses Leben entspringt einer inneren Ruhe. Diese innere Ruhe dient uns als Anker, von dem aus wir unseren äußeren Lebensdramen begegnen können.

Unsere Charaktermängel – bekannte und unbekannte

Das Wörterbuch aus den 30iger Jahren definiert ‚Mangel' wie folgt:

Mangel: *Abweichung von einem optimalen Zustand; Versäumnis; Vernachlässigung .*[14]

Ein Freund im Programm hat mal gesagt, dass ein Charaktermangel uns vielleicht nicht bewusst ist, daher bitten wir Gott, sogar die uns unbekannten Dinge, die uns in Schwierigkeiten bringen, von uns zu nehmen.

Im Sechsten Schritt wurden wir bereit, „all diese Fehler des Charakters, der Kommunikation und der Fürsorge von Gott beseitigen zu lassen". Der Sechste Schritt spricht also über Fehler, während der Siebte Schritt von „Mängeln" spricht. Haben beide Begriffe die gleiche Bedeutung? Fragen wir wieder unser altes Wörterbuch nach der Definition von „Fehler":

Fehler: *1. Nichtvorhandensein von ewas, das zur Vollkommenheit notwendig ist; Unvollkomenheit, Entbehren; beispielsweise ein Fehler im Plan. 2. Jede natürliche Unvollkommenheit – körperlich oder moralisch; Irrtum; Makel; Missbildung; beispielsweise ein Gewebe-Fehler oder ein Seh-Fehler.*

Charakter: *1. die bezeichnenden Eigenschaften, die von Geburt aus oder durch Gewohnheit einer Person eingeprägt sind und die sie von anderen Personen unterscheidet; daher wird ein Charakter gebildet, wenn eine Person stabile und markante Eigenschaften noch nicht erworben hat. 2. durch Ansehen, bedeutende oder gute Eigenschaften, jene die begehrt und geachtet werden, wie z.B ein Mann mit Ansehen. 3. deutliche Eigenschaft jeglicher Art, stark ausgeprägt, vor allem Energie oder Kraft; z.B. ein Mann ist charakterstark oder er hat gar keinen Charakter.* [15]

Wir werden also bereit, die menschlichen Eigenschaften, die einen Mangel oder eine Unvollkommenheit darstellen, von uns nehmen zu lassen. Zusammen mit dem Hintergrund dieses Schrittes, nämlich Fürsorge und Kommunikation, können wir ein Paar werden mit starken und stabilen Eigenschaften wie z.b. Mitgefühl und die Fähigkeit, zuzuhören und gehört zu werden.

Bereitschaft und der laufende Prozess der Beseitigung von Charaktermängeln

Einfach gesagt, geht es bei Schritt Sechs und Sieben im wesentlichen darum, bereit zu sein, stark zu werden als Paar und dann Gott zu bitten, all das zu beseitigen, was uns daran hindert. Der Leitspruch „Auf Gott vertrauen wir" könnte uns hierbei unterstützen.

Indem wir unsere Höhere Macht bitten, unsere Charaktermängel zu beseitigen, wird uns bewusst, dass die Bereitschaft dazu anwesend sein muss, solange die Mängel noch gegenwärtig sind. Meistens werden die Charaktermängel nicht in dem Moment von uns genommen, in dem wir darum bitten, sondern es braucht eine gewisse Zeit dazu. Charaktermängel loszuwerden ist ein andauernder Vorgang der Heilung – persönlich und in der Beziehung.

Das Erfreuliche daran ist aber, dass wir nur eines tun müssen: Gott darum zu bitten. Es gibt da einen spirituellen Spruch: „Suchet und ihr werdet finden" und „Bittet und euch wird gegeben". [16] Das Konzept der Spirituellen Erfahrung im 12-Schritte-Programm gründet sich auf diese Weisheit. Kontinuierliche Veränderung ist die Grundlage für das Konzept des Spirituellen Erwachens. Dies sind zwei unterschiedliche Gedanken; obwohl die Ergebnisse eigentlich gleich sind, ergeben sich unterschiedliche Zeitspannen und Wege.

Der Prozess der Veränderung beginnt mit der Erkenntnis, dass wir uns auf alte, ineffektive und destruktive Weise verhalten. Am Anfang erkennen wir ein altes Verhaltensmuster erst, nachdem es passiert ist.

Später wird uns dieses alte Verhalten bewusst, während es geschieht. Noch später können wir vielleicht sehen, wie das alte Verhalten wieder anfängt und wir können es stoppen, bevor es weitergeht. Schließlich können wir neue, effektive und gesunde Verhaltensweisen in Situationen einsetzen, die sich einst außerhalb unserer Kontrolle befanden. Gesundes Verhalten wird zu „normalem" Verhalten. Während unser Genesungsprozess fortschreitet, neigen wir vielleicht dazu, zu hart mit uns zu sein, wenn wir uns bei altem Verhalten ertappen. Wir müssen lernen, uns in umgekehrter Weise zu verhalten. Zu lernen, uns selbst zu lieben und uns als menschlich zu akzeptieren, ist wichtig für den Heilungsprozess. Heilung braucht Zeit, und das müssen wir respektieren.

Denkt daran, dass wir manchmal, wenn wir Dinge aufgeben – sogar schlechte Gewohnheiten und unwirksames Verhalten – ein Gefühl des Verlustes empfinden. Viele alte Gewohnheiten, die uns in unseren Beziehungen Probleme bereitet haben, wurden schon in sehr jungen Jahren gelernt und begleiten uns schon unser ganzes Leben lang. Also, selbst wenn wir Dinge aufgeben, die uns schaden, müssen wir einen kleinen Trauerprozess dafür durchlaufen.

Es gibt eine 12-Schritte-Geschichte über ein Elternteil, das ein Kind bittet, sein Dreirad wegzugeben, weil es bald ein Fahrrad bekommen würde. Das Kind war unter diesen Umständen sehr unwillig, das Dreirad abzugeben. Als das Kind dann aber das Fahrrad bekam und die Freude an der neuen Art der Fortbewegung erlebte, wurde das Dreirad leicht aufgegeben und ohne zu fragen weggelegt. Das ist oft auch die Art und Weise, wie wir als Erwachsene handeln. Wir müssen das neue Verhalten wirklich sehen und fühlen, bevor wir das alte endlich loslassen können.

Es gibt Verhaltensweisen, die nicht einfach verschwinden. Das sind Dinge, die wir vielleicht nicht bereit sind, aufzugeben. Wenn wir also Gott bitten, sie von uns zu nehmen, und wir nicht bereit oder willens sind, sie loszulassen, werden sie höchstwahrscheinlich nicht von uns genommen. Gott wird diejenigen wegnehmen, die wir bereit sind, aufzugeben, aber wir werden diejenigen behalten, die wir immer noch für notwendig halten.

Manchmal können unsere Charakterfehler durch Gottes Hilfe gemildert werden, so dass etwas, das in der Vergangenheit ein negatives Ergebnis hatte, nun ein positives Ergebnis hat. Zum Beispiel kann jemand, der ein über-kontrollierendes Verhalten hat, dieses mit Gottes Hilfe mildern, um ein guter Leiter zu werden, der genau das richtige Maß an Kontrolle für positive Ziele ausüben kann.

Wie weiter oben definiert, werden wir als Ergebnis der Arbeit im Siebten Schritt zu charakterstarken Individuen und auch unsere Beziehung zeigt die Eigenschaften eines starken Charakters. Bedeutet das, dass wir keine Probleme mehr haben werden? Nein, das bedeutet, dass wir die Stärke und die Werkzeuge haben werden, um mit den Problemen umzugehen, die auftauchen, wenn wir unser perfekt unvollkommenes menschliches Leben leben.

Gott bitten

Wir bitten um Gottes Hilfe durch Gebet. Ein Gebet, das wir verwendet und für hilfreich befunden haben, ist eine Abwandlung des ursprünglichen Siebten-Schritt-Gebetes der Anonymen Alkoholiker, welches mit dem Gelassenheitsgebet ergänzt wurde:

Unser Schöpfer, wir sind nun willig, uns Dir ganz auszuliefern, mit allen unseren guten und schlechten Seiten. Wir bitten, dass Du jetzt jeden einzelnen Charakter-, Kommunikations- und Fürsorgefehler von uns nimmst, der uns daran hindert, Dir, einander und unseren Mitmenschen nützlich zu sein. Gewähre uns die Kraft, von jetzt an Deinem Willen zu folgen. Und – Gott, gebe uns die Gelassenheit, die Dinge anzunehmen, die wir nicht ändern können; den Mut, die Dinge zu ändern, die wir ändern können und die Weisheit, das eine vom anderen zu unterscheiden. [17]

Um diesen Schritt zu praktizieren können wir beide gemeinsam dieses Gebet laut beten. Wir können auch gezielt als Einzelne die Dinge hinzufügen, die wir aus unserem individuellen und unserem gemeinsamen Leben beseitigt haben wollen. Um dieses Ereignis noch bedeutungsvoller und erinnerungswürdiger zu machen, könnt ihr zu zweit wunderbare und kraftvolle Rituale schaffe. Das folgende ist ein solches Ritual, das ihr entweder ganz übernehmen oder als Grundlage eurer eigenen Schöpfung verwenden könnt.

Siebter-Schritt-Ritual

Die Anthropologen sind sich im Allgemeinen einig, dass die Menschen seit frühester Zeit Zeremonien und Rituale verwendet haben, um bedeutende Lebensabschnitte zu markieren. Diese Zeremonien scheinen einen sehr tiefen Teil von uns zu berühren.

Ihr könnt für diesen Anlass einen „heiligen Raum" in eurem Haus oder in der Natur vorsehen. Ihr müsst euch beide bezüglich der Wahl des Raumes und aller folgender Entscheidungen einig sein.

Gestaltet diesen Raum rituell als „heiligen" Raum. Naturvölker tun dies vielleicht, indem sie Salbei oder Zedernholz verbrennen, während sie ihre Höhere Macht in diesen Raum einladen. Einige mögen Weihrauch, Kerzen, spezielle Düfte oder Weihwasser verwenden oder spezielle Kleidungsstücke tragen.

Werdet kreativ! Schreibt alles auf – in Worten oder Symbolen – was ihr beseitigt haben möchtet. Wiederholt an eurem heiligen Ort gemeinsam das Siebte-Schritt-Gebet oder schreibt ein eigenes Gebet für den gleichen Zweck oder verwendet andere Worte, die für euch eine Bedeutung haben. Nachdem ihr diese Charakter-, Kommunikations- und Verhaltensfehler auf Papier niedergeschrieben habt, könnt ihr sie in einer Feuerschale verbrennen. Während ihr die Zettel ins Feuer legt, sprecht die Fehler laut aus und sagt: „Ich lasse dich los und bitte Gott, dich wegzunehmen." Wenn ihr mit dem Verbrennen fertig seid, gießt etwas Wasser über die Asche, sowohl als Sicherheitsvorkehrung als auch als Symbol für den Reinigungsvorgang.

Ihr könntet eine „Gott-Box" benutzen. Schreibt euer Problemverhalten auf, legt es in die Gott-Box und später nehmt ihr es dann heraus und vernichtet es als Symbol für diese Arbeit im Siebten Schritt. Vielleicht möchtet ihr noch andere persönliche Rituale oder Paar-Rituale in diese Zeit der Zeremonie einbeziehen, wie z.B. ein Beziehungs-Erneuerungs-Gelübde. Seid frei und offen und lasst die Kraft fließen. Überlegt euch einen formellen Abschluss für das Ende der Zeremonie. Wir haben das Folgende verwendet, das auf einem alten Segen basiert:

Der HERR segne dich und behüte dich.
Der HERR lasse sein Angesicht über dich leuchten
und sei dir gnädig.
Der HERR wende sein Angesicht dir zu
und schenke dir Frieden. Amen [18]

Das gemeinsame Durchführen von Paar-Ritualen und Zeremonien kann für manche Menschen sehr beängstigend sein. Wenn ihr jedoch durch diese Angst hindurchgeht, könnt ihr intimste Momente erleben, an die ihr euch gerne erinnern werdet. Wir haben festgestellt, dass einige der intimsten Momente in unserer Beziehung in Zeiten zunehmender Spiritualität kamen.

⇨ Arbeitsschritte in diesem Kapitel

1. Lest beide dieses Kapitel.

2. Lest **Anhang A** im hinteren Teil dieses Buches als Leitfaden.

3. Geht die Fragen 3 bis 8 aus Kapitel 6 durch, um festzustellen, ob es noch etwas gibt, das negative Auswirkungen hat auf eure Beziehung und eure individuelle Genesung, an denen ihr noch festhaltet.

4. Findet heraus, was euch helfen kann, die Glaubenssysteme loszulassen, die euch Probleme bereiten.

5. Tut das, was notwendig ist, um bereit zu werden: Werdet bereit, bereit zu sein.

6. Findet für euch eine Methode, um Gott zu bitten, die Mängel zu beseitigen (ein Gebet oder Ritual oder anderes).

7. Bittet Gott formell und laut mit eurem Partner zusammen um ihre Beseitigung.

8. Teilt mit eurem Partner eure Gefühle und Gedanken über die Erfahrung, die ihr gerade gemacht habt.

9. Bedankt euch gegenseitig dafür, dass ihr zugänglich seid für die Heilung von euch selbst und eurer Beziehung.

10. Bewahrt euch selber, euren Partner und eure Beziehung liebevoll in euren Herzen.

SICH ORIENTIEREN, DAS RICHTIGE ZU TUN:
Achter Schritt

„Wir machten eine Liste aller Personen, denen wir Schaden zugefügt hatten und wurden völlig bereit, ihn bei allen wiedergutzumachen."

Irren ist menschlich,
vergeben ist göttlich.
ALEXANDER POPE, ENGLISCHER SCHRIFTSTELLER

Eine Liste machen:
Bereit werden, die Altlasten unserer Vergangenheit zu beseitigen

Seit wir mit dem Vierten-Schritt-Prozess starteten, haben wir uns wahrscheinlich Gedanken darüber gemacht, wie wir einen Teil des Schadens reparieren können, den wir, und die Beziehung, angerichtet hatten. Damals konnten wir jedes Mal, wenn einer dieser Gedanken auftauchte, uns unbewusst sagen: „Soweit sind wir noch nicht, wir müssen uns jetzt nicht darum kümmern, dies zu bereinigen". Nun aber sind wir an dem Schritt angelangt, in dem wir ernsthaft beginnen daran zu denken, einige der Schäden der Vergangenheit zu beseitigen.

Schritt Acht besagt: „Wir machten eine Liste aller Personen, denen wir Schaden zugefügt hatten und wurden völlig bereit, ihn bei allen wiedergutzumachen."

Auch dieser ist ein aktiver Schritt. Dieser und der nächste Schritt sind etwas für diejenigen von uns, die gerne Listen machen. Das Erstellen von Listen und das Vergnügen, erledigte Sachen aus der Liste abzuhaken, werden erstaunliche Zufriedenheit bringen. Für alle, die keine Listenmacher sind: Tun wir es trotzdem; wir erarbeiten uns hier Charakter.

Schaden an uns selbst

Wenn wir mit dieser Liste beginnen, ist es sehr wichtig zu erkennen, dass die Person, der wir am meisten Schaden zugefügt haben, vielleicht wir selbst sind. Darüber hinaus müssen wir jetzt sogar ganz OBEN auf unserer Liste der Personen stehen, denen wir Schaden zugefügt haben. **Denk also zurück und notiere dir jedes einzelne Ereignis, an das du dich erinnern kannst, wann und auf welche Weise du dich selbst verletzt hast.** Können wir uns an Situationen erinnern, in denen wir wussten, dass etwas nicht stimmt, aber den Drang hatten, dennoch das Falsche zu tun? Wir verletzen uns, wenn wir unsere moralischen Überzeugungen aufs Spiel setzen. Wann verloren wir unsere Lebensfreude durch unsere eigenen Kämpfe und Streitereien? Wann hat das Schweigen uns und unserem Partner Schmerzen bereitet? Hatten wir wegen des Zustands unserer Beziehung Angst, verlassen zu werden? Hat der Zustand unserer Beziehung dazu geführt, dass wir fast rückfällig wurden oder ein Suchtverhalten auslebten? Haben wir unsere Selbstachtung verloren?

Schaden an unserem Partner und an unserer Partnerschaft

Nach dem Aufschreiben all der Situationen, in denen wir uns selbst verletzt haben, beginnen wir mit der zweiten Liste. Hier schreiben wir auf, wie wir unseren Partner und die Beziehung verletzt haben.

Wenn wir nicht weiterkommen, können wir auf die erste Liste schauen und wahrscheinlich jedes Ereignis, bei dem wir uns selbst verletzt haben, dazu verwenden, um herauszufinden, wie wir auch unserem Partner und unserer Beziehung geschadet haben. Jedes Mal, wenn wir gegenüber unserem Partner unterdrückte Wut empfanden, waren wir emotional nicht mehr für ihn erreichbar. Wenn wir ganz offensichtlich wütend auf unseren Partner waren, waren wir emotional nicht mehr in der Lage, an einer Lösung mitzuarbeiten. Verurteilen wir unseren Partner? Sehen wir den Schaden darin? Haben wir es zugelassen, dass Groll entsteht? Wie schadet das unserem Partner? Haben wir bestimmte Verantwortlichkeiten vermieden? Wie hat sich unser Suchtverhalten auf unseren Partner ausgewirkt? Wie hat sich unsere „Paarpflege" auf die Fähigkeit unseres Partners ausgewirkt, auf eigenen Beinen zu stehen?

Schaden an Anderen

Macht jetzt eine dritte Liste. Kehrt zurück zur Arbeit im Vierten Schritt bezüglich der Schäden, die wir individuell Anderen zugefügt hatten. Schreibt diese Liste neu, gebt den Namen der Personen an, die ihr verletzt habt und den genauen Schaden. Haben wir unseren Kindern geschadet, weil wir so mit unserem Partner verstrickt waren, dass wir nicht für sie da waren? Hat sich das Streiten mit unserem Partner negativ auf unsere Kinder ausgewirkt oder haben wir ihnen ein schlechtes Beispiel gegeben? Lest eure Arbeit im Vierten Schritt durch und schreibt alle Fälle auf, in denen ihr anderen Menschen persönlich Schaden zugefügt habt. Listet alle anderen Personen auf, die auf unserer Grollliste von diesem Schritt standen. Seid euch jetzt sehr bewusst, dass diese Leute, die auf unserer Grollliste stehen, wahrscheinlich Dinge getan haben, über die wir uns zu Recht empört hatten. Jetzt ist es jedoch entscheidend, dass wir auch den Schaden sehen, den wir ihnen zugefügt haben. Wenn uns jemand geschädigt, in Verlegenheit gebracht oder herabgesetzt hat, welches Verhalten haben wir als Reaktion darauf angewandt, um uns zu rächen? Haben wir uns zurückgezogen? Mit Wut? Mit Sabotage? Mit Klatsch und Tratsch? Denkt daran, in diesem Schritt geht es um UNSEREN Teil der Situation, nicht um den des anderen.

Schaden, den wir als Paar Anderen zufügten

Erstellt zum Schluss eine WIR-Liste: den Schaden aufschreiben, den wir zusammen, als Paar bei Anderen angerichtet haben. War unsere Partnerschaft derart gestrickt, dass wir alte persönliche Freunde ausgeschlossen haben? Es ist nicht ungewöhnlich, dass dysfunktionale Paare und Einzelpersonen Fehler in Bezug auf materiellen Besitz und Geld gemacht haben. Dazu gehört, Geld ausleihen und es nicht zurückzahlen, Dinge ausleihen und sie nicht zurückgeben, geizig sein zum Nachteil der Anderen, Geld ausgeben für die eigene Sucht (Tabak, Alkohol, Drogen, Essen, Glücksspiel, Sex usw.) statt für die Bedürfnisse unserer Kinder; Steuern hinterziehen, Personen verletzen und Sachwerte beschädigen, Andere finanziell oder emotional schädigen und unangemessen Geld ausgeben um Aufmerksamkeit, Liebe und Freundschaft zu erlangen.

Schaden an unseren Kindern und Anderen, die uns als Vorbild nahmen

Wir sollten an anderen Personen und Paaren Wiedergutmachung leisten, wenn wir uns unmoralisch verhielten, z.B. schlechte Beispiele waren für Kinder und andere, die uns möglicherweise als Vorbild angesehen haben; unfair waren, wenn Fairness nötig war; Menschen für egoistische Zwecke genutzt haben; bei sexueller Untreue und schlechtem sexuellen Vorleben; Versprechen nicht gehalten haben; wenn wir das Selbstwertgefühl eines Anderen durch Beschimpfung und Schuldzuweisung zerstört haben; bei Eifersucht; bei Misstrauen und wenn wir nicht ehrlich oder vertrauenswürdig waren.

Ein Großteil von Spiritualität ist so stark gebunden an unsere Lebenseinstellung, dass die beiden unzertrennlich werden und in der Tat durchaus gleich sein können. Die Art und Weise, wie Eltern Verhaltensweisen für ein Kind vorleben, bestimmt einen Großteil der Vorstellung des Kindes von einer Höheren Macht. Indem wir vernachlässigen, unfair sind, missbrauchen und unklare Botschaften übermitteln, beeinflussen wir die Spiritualität des Kindes.

Wir richten auch geistigen Schaden an, indem wir nicht dankbar sind, andere beschuldigen, Dinge ablehnen, die unserer Gesundheit zuträglich sind, niemals verspielt sind, kein neues Wissen suchen, keine Ermutigung geben und besondere Ereignisse wie Geburtstage, Jahrestage oder andere Ehrentage vergessen oder nicht wichtig nehmen. Bei manchen Paaren denkt ein Partner möglicherweise nie an Geburtstage und besondere Ereignisse, wählt niemals Karten aus und kauft niemals Geschenke, während der andere Partner sich immer um diese Dinge kümmert. Kinder erleben damit ein Modell, dass ein Elternteil bestimmte Verantwortlichkeiten hat und das andere nicht. So erhalten Kinder eine verzerrte Sicht auf die Rollenverteilung, bei der ein Partner die gesamte Pflege und das Geben übernimmt. Vielleicht besetzt eine Mutter ausschließlich diese fürsorgliche Rolle und die Kinder haben keine Chance, ein liebevolles väterliches Vorbild zu sehen, oder umgekehrt.

Ein Ende der Isolation:
Bereitschaft zur Wiedergutmachung

Der gesamte Prozess der Wiedergutmachung soll jeder Isolation ein Ende setzen und dazu führen, dass wir uns mit allen anderen Menschen gleichberechtigt wieder der menschlichen Gemeinschaft anschließen. Dieser Prozess ermöglicht uns, jedem ohne Scham oder Schuld in die Augen zu schauen. Die Wiedergutmachung befreit uns als Individuum und als Paar von der Notwendigkeit, andere zu beschuldigen und ermöglicht schließlich die volle Verantwortung für uns selbst und unseren

Teil unserer Beziehung zu übernehmen. Dieser Prozess ist ein Weg, die Vergangenheit loszulassen. Das eigentliche Wiedergutmachen folgt im nächsten Schritt. Im Moment konzentrieren wir uns also nur auf „wer" und nicht auf „was".

Der zweite Teil dieses Schritts ist die Bereitschaft zur Wiedergutmachung. Bereitschaft bedeutet hier auch, Verantwortung für unsere Vergangenheit zu übernehmen. Indem wir Verantwortung übernehmen, zeigen wir nicht mehr mit dem Finger auf Andere, sondern akzeptieren, dass wir in negativen Situationen eine aktive Rolle gespielt haben. Indem wir äußerlich unser aufrichtiges Bedauern für unsere lieblosen Handlungen zum Ausdruck bringen, können wir beginnen, die Liste abzuarbeiten, voranzukommen und „neu geboren" zu werden.

Zusammenfügen unserer Wir-Listen

An dieser Stelle schauen wir zurück auf unsere individuell erstellten Listen, wir fügen unsere Wir-Listen zusammen und gehen dann gemeinsam das gesamte Material durch. Hier suchen wir nicht nach der genauen Art und Weise einer Wiedergutmachung (Entschuldigung, Rückzahlung, Zusage uns besser zu verhalten, professionelle Hilfe usw.), sondern wir gehen unsere Listen durch, um sicherzustellen, dass wir bereit sind, Wiedergutmachung zu leisten und in unserem Herzen zu wissen, dass uns später klar wird, wie das zu tun ist. Sind wir in allen Fällen dazu bereit? Wenn es einiges gibt, das so tief sitzt, dass wir sagen: „Nein, ich kann diese Wiedergutmachung nicht leisten", dann nehmen wir das in unser zukünftiges Leben mit und es wird uns auf unserem Weg zum wirklichen Glück noch einmal beschäftigen.

Die zugrundeliegenden Prinzipien: Mitfühlende Liebe und Gerechtigkeit

In 12-Schritte-Gruppen werden die Prinzipien des Achten Schritts normalerweise als mitfühlende Liebe und Gerechtigkeit betrachtet. Mitfühlende Liebe ist das, was wir für andere empfinden, ohne Rücksicht auf Geschlecht, Rasse oder unserer Beziehung zu ihnen. Gerechtigkeit hat damit zu tun, nach einer Ungerechtigkeit die Dinge wieder in Ordnung zu bringen. Das im Recht verwendete Bild der Justitia mit verbundenen Augen, die die Waage im Gleichgewicht hält, ist ein gutes Symbol für das, was hier in den Schritten 8, 9 und 10 getan wird. Wie die Justitia mit den verbundenen Augen werden wir bereit, etwas für den Ausgleich der Waage zu tun, unabhängig davon, wer die andere Person ist.

⇨ Arbeitsschritte in diesem Kapitel

1. Lest beide dieses Kapitel.

2. Lest **Anhang A** im hinteren Teil dieses Buches als Leitfaden.

3. Beide Partner machen jeweils eine Liste, wie sie sich selbst verletzt haben.

4. Beide Partner machen jeweils eine Liste, wie sie ihren Partner und die Beziehung verletzt haben.

5. Aus der Arbeit des Vierten Schritts listen beide erneut die Schäden auf, die sie Anderen angetan haben.

6. Aus der Arbeit des Vierten Schritts listen beide erneut die Schäden auf, die sie als Paar Anderen angetan haben.

7. Beide Partner schauen ihre Listen nochmals an und teilen die Ergebnisse mit dem Partner.

8. Beide Partner überprüfen, ob sie bereit sind, Wiedergutmachung in allen Fällen zu leisten.

9. Wenn einer der Partner in einigen Fällen nicht bereit ist, Wiedergutmachung zu leisten, dann machen sie einen Plan, wie sie vorgehen wollen, um in diesen Fällen bereit zu werden.

10. Bedankt euch gegenseitig dafür, dass ihr zugänglich seid für die Heilung von euch selbst und eurer Beziehung.

11. Bewahrt euch selber, euren Partner und eure Beziehung liebevoll in euren Herzen.

SCHMERZEN UND FREUDEN DER WIEDERGEBURT – TUN, WAS RICHTIG IST: Neunter Schritt

„Wir machten bei diesen Menschen alles wieder gut – wo immer es möglich war – es sei denn, wir hätten dadurch sie oder andere verletzt."

Ich vergebe dir dafür, dass du nicht die Person bist, die ich mir gewünscht habe.

LOUISE HAY

Vater, ich kann dieser Person heute nicht aufrichtig vergeben. Wenn Du ihm jedoch durch mich vergeben kannst, dann werden wir beide befreit.

EIN VERGEBUNGSGEBET, GEHÖRT BEI EINEM 12-SCHRITTE-TREFFEN

Was ist eine Wiedergutmachung?

Als wir mit dem 12-Schritte-Genesungsweg begannen, tauchte neben anderen Konzepten der Begriff „Wiedergutmachung" auf. Was in aller Welt ist eine Wiedergutmachung? Viele von uns dachten zuerst, es sei eine Entschuldigung, und entdeckten später, dass es sich um ein tieferes Konzept handelte. Im Neunten Schritt heißt es: „Wir machten bei diesen Menschen alles wieder gut – wo immer es möglich war – es sei denn, wir hätten dadurch sie oder andere verletzt."

In unserem Wörterbuch aus den 30er Jahren finden wir die folgenden Definitionen:

Wiedergutmachen (entschädigen): *Besser machen durch irgendeine Veränderung; Fehler korrigieren; sich von allem befreien, was fehlerhaft oder falsch ist; z.B seine Wege ändern.*
Wiedergutmachen (berichtigen): *Besser werden; sich verbessern, indem man etwas zuvor Falsches korrigiert.*
Wiedergutmachen (berichtigen): *Entschädigung für eine Verletzung; Frieden stiften.*

Anhand dieser Definitionen können wir etwas besser verstehen,was wir in diesem Schritt zu tun haben. Wir können auch erkennen, dass das, was wir tun, Dinge verbessern sollte, um einen richtigen Lebensweg einzuschlagen, frühere Fehler zu korrigieren und den Schaden aus der Vergangenheit zu beheben.

Mut: das Prinzip des Neunten Schritts

„Mut" ist das Prinzip des Neunten Schritts. Dieser Schritt konfrontiert uns mit dem essentiellen Vorgang, mit uns selbst, mit unserem Partner, mit unseren Familien und mit allen anderen, die durch unser Handeln verletzt wurden, „ins Reine zu kommen" – sowohl individuell als auch als Paar.

Wieder-gut-machen: direkt oder auf andere Weise

Im Achten Schritt erstellten wir eine Liste aller Personen, denen wir Schaden zugefügt hatten. Wenn wir diese Liste jetzt überprüfen, werden wir sehen, dass es einige besondere Umstände gibt, die eine direkte Wiedergutmachung unmöglich machen. Dazu zählen Menschen, die nicht mehr am Leben sind oder die aus anderen Gründen, wie z.B. einer schweren psychischen oder physischen Krankheit, nicht mehr erreichbar sind.

Wiedergutmachung an denjenigen, die nicht mehr erreichbar sind, kann geschehen durch: Schreiben eines Briefes, der nicht abgeschickt wird, Beten für die Person – oder die Wiedergutmachung einer anderen Person zukommen lassen, z.B. durch besondere Aufmerksamkeit, Zuwendung oder Fürsorge. Vielleicht wäre es eine gute Alternative, einer Wohltätigkeitsorganisation im Namen dieser Person eine Spende zu geben, um unsere Scham oder Schuld in etwas Ehrenvolles zu verwandeln.

Vielleicht schulden wir einer Institution oder einem Unternehmen, das inzwischen pleite gegangen ist, Geld. Eine Wiedergutmachung könnte darin bestehen, nie wieder zu „stehlen" und andere, die uns vielleicht bestohlen haben, mit Liebe zu bedenken statt auf Vergeltung zu bestehen. Für welche Art der Wiedergutmachung wir uns auch entscheiden, es muss sich auf einer tiefen Ebene richtig anfühlen.

Es kann Situationen geben, in denen nur teilweise Wiedergutmachung geleistet werden kann, weil die vollständige Preisgabe unseres Unrechts für diese Person, dieses Paar oder für einen Dritten schädlich sein kann. Zu solchen Fällen gehören romantische und sexuelle Beziehungen mit jemandem, dessen Ehepartner nichts davon weiß. Andere Situationen, in denen äußerste Vorsicht geboten ist, sind Wiedergutmachungen, die Kinder in Gefahr bringen könnten oder die das Sorgerecht für die eigenen Kinder entziehen würden oder extreme finanzielle Notlagen verursachen könnten. Anonyme Wiedergutmachungen sind manchmal angemessen. Solche Umstände können viel Gebet und Meditation erfordern, bevor die richtige Antwort erkennbar wird. Dies erfordert ganz klar einiges an spiritueller Kreativität.

Die übrigen Wiedergutmachungen auf unserer Liste können direkt gemacht werden. Einige davon müssen jedoch möglicherweise aufgeschoben werden. Ein Grund dafür könnte sein, dass wir emotional nicht bereit dafür sind. Starker Groll gegenüber Personen, denen wir Schaden zugefügt haben, könnte uns davon abhalten, ihnen zu vergeben. Es spielt keine Rolle, wie viel Schaden sie uns zugefügt haben; solange WIR ihnen nicht vergeben, ist eine echte Wiedergutmachung nicht möglich. Es mag viel Gebet und Meditation erfordern, um für die Vergebung bereit zu werden, die notwendig ist, um „UNSERE Seite der Straße zu säubern". Der geeignete Zeitpunkt kann ein weiterer Grund für das Aufschieben einer persönlichen Wiedergutmachung sein. Diejenigen, bei denen wir Wiedergutmachung leisten möchten, wohnen vielleicht woanders, könnten aber in der Zukunft verfügbar sein. Oder wenn jemand gerade krank ist, sollten wir warten, bis die Person wieder gesund und aufnahmefähig ist. Es könnte auch sein, dass momentan die eigenen finanziellen Mittel nicht für eine finanzielle Entschädigung ausreichen.

Der Zweck von Wiedergutmachungen: Dinge in Ordnung bringen

Die meisten Wiedergutmachungen haben sehr positive Auswirkungen, und oft haben sie allen Beteiligten Freude gebracht. Der Zweck einer Wiedergutmachung ist es, die Dinge in Ordnung zu bringen. Es ist jedoch entscheidend, dass unser Wiedergutmachungsversuch die Dinge nicht noch schlimmer macht. Wir wissen von einem Sohn, der seinem Vater einige seiner tiefsten, verstörendsten Geheimnisse erst berichtete, nachdem sich dieser in Folge einer großen Herzoperation in kritischem Zustand befand. Dies war eher ein „Geständnis", ohne etwas „in Ordnung zu bringen". Der Vater sagte ihm, dass dies zu diesem Zeitpunkt nicht gewollt war und nur noch mehr Schmerz verursachte. Der Vater überlebte die Operation, starb aber kurz danach an chirurgischen Komplikationen, ohne dass diese neue „Information" in irgendeiner Weise aufgelöst oder verarbeitet werden konnte. Dieser Schritt fordert unsere Wiedergutmachung nur dann, wenn niemand anderes dabei verletzt wird.

Unser Motiv für die Wiedergutmachung muss sehr klar sein. Wir kennen Fälle, in denen eigene Phobien (irrationale Ängste) oder das Bedürfnis, alles „auszukotzen" oder „sich übermäßig mitzuteilen" zum Hauptmotiv für den Wiedergutmachungsversuch wurden. Die Ergebnisse sind fast immer negativ, wenn der Hauptzweck – Dinge in Ordnung zu bringen – nicht im Mittelpunkt steht. Diese wenig durchdachten Versuche können irreparablen Schaden anrichten.

Es liegt nicht in unserer Verantwortung, wie die andere Person auf unsere Wiedergutmachung reagiert, es sei denn, unser Anliegen ist nicht wirklich ehrlich und liebevoll. Wenn durch unsere Wiedergutmachung ein weiteres Problem entstehen könnte, müssen wir in der Zukunft vielleicht eine weitere, größere Wiedergutmachung vornehmen; also ist es wahrscheinlich besser, einen alternativen Plan zu entwickeln.

Diese negativen Beispiele sind Ausnahmen. Die meisten Wiedergutmachungen sorgen für Heilung, für gute Gefühle und die Auflösung des toxischen Ballasts, der uns im Vergleichen festhält, so dass wir uns „so gut wie", „besser" oder „schlechter" fühlen als andere Paare oder Personen. Wir sind wie neu geboren. Wir dürfen neu anfangen und unsere emotionale, nutzlose Last verschwindet oder ist erheblich vermindert. Werden wir alle unsere Wiedergutmachungen perfekt machen? Wahrscheinlich nicht. Auch wenn wir Fehler machen, können wir aus ihnen lernen und wissen, dass wir auf dem richtigen Weg sind.

Wenn wir eine andere Person um Vergebung bitten, haben wir kein Recht zu erwarten, dass sie uns vergeben wird. Wenn die Vergebung, um die wir bitten, tatsächlich kommt, wird es ein schönes, großzügiges und mitfühlendes Geschenk sein.

Wiedergutmachung bei sich selbst

Ganz oben auf unsere Wiedergutmachungsliste stellen wir uns selbst, weil unsere Taten uns genauso viel Schaden zugefügt haben wie anderen. Wie können wir an uns selbst Wiedergutmachung leisten? Wenn wir aufgrund unserer dysfunktionalen Beziehung auf eine Ausbildungsmöglichkeit verzichtet haben, können wir dann jetzt einen Plan entwickeln, der es uns erlaubt, eine Ausbildung nachzuholen? Können wir Wege finden, wie wir uns selbst gegenüber liebevoll handeln können, ohne anderen zu schaden? Wie wäre es, wenn wir uns selbst wöchentlich eine kleine Summe „Taschengeld" geben würden, wenn wir uns zuvor finanziell nichts gegönnt haben? Wenn wir unser Leben eher freudlos finden, wie wäre es dann, uns zu einem Kurs oder Workshop für Freude im Leben anzumelden? Wenn wir unsere Beziehung einfach wieder in Ordnung bringen und sie frei von zukünftigen Schäden und Spinnereien halten, könnte das alles an Wiedergutmachung sein, was nötig ist. Jemand sagte einmal: „Die perfekte Rache ist ein gutes Leben zu führen". Vielleicht besteht die beste Wiedergutmachung darin, ein gutes Leben zu führen. Vergib dir selbst. Wenn es dir schwerfällt, mach es „offiziell". Mach ein feierliches Ritual daraus. Mach Deine Selbstvergebung wahr!

Wiedergutmachung an unserem Partner und unserer Beziehung

Die nächste Person auf unserer Liste der Wiedergutmachungen ist unser Partner. Wie können wir bei unserem Partner Wiedergutmachung leisten? Jeder von uns hat einige eigentümliche Charakterfehler, die dann zum Vorschein kommen, wenn wir mit unserem Partner zusammen sind. Diese müssen wir beseitigen oder zumindest ändern, wenn wir aneinander Freude finden wollen. Es ist essentiell, dass, wenn wir im Laufe unseres Zusammenlebens den anderen verletzen, wir uns sofort zu unserem verletzenden Verhalten bekennen, uns zeitnah entschuldigen und Wiedergutmachung leisten. Die beste Wiedergutmachung besteht darin, verletzendes Verhalten in liebevolles Verhalten umzuwandeln. Wenn wir beide unsere persönliche Heilung voranbringen, machen wir uns selbst zu besseren Partnern und Freunden – und unsere Beziehung wird stärker. Wenn wir unserem Partner vergeben, vermindert das auch den giftigen Groll auf uns selbst. Vergeben, vergeben, vergeben. Die

Entscheidung, zu vergeben, schenkt uns selbst und unserem Partner Freiheit. Diese Freiheit wird sich bei sorgfältiger Pflege – wie bei einer Blume – mit der Zeit allmählich entfalten.

Weil unsere Beziehung auch ein Eigenleben und eine eigene Persönlichkeit hat, haben unsere individuellen und unsere gemeinsamen Handlungen ihr geschadet. Es hilft, unsere Beziehung als eine dritte Einheit zu sehen. Ihr seid zu dritt: du selbst, dein Partner und eure Beziehung. Jetzt, in dieser Zeit des Neubeginns, der Wiedergutmachung und der Wiedergeburt, könnt ihr euch eure Beziehung als ein kleines, schönes Kind vorstellen. Daher ist es von entscheidender Bedeutung, dass jeder seiner „Eltern", also wir selbst und unser Partner, sehr sanft und liebevoll mit ihm umgeht. Pflegt es, liebt es, räumt hinter ihm auf, füttert es, und vor allem misshandelt es nicht. Wenn diese Beziehung zukünftig neu wächst, wird sie uns im Gegenzug als Individuen stärken können. Aber für den Augenblick sollten wir die Beziehung so liebevoll, sanft und ehrlich behandeln wie möglich. Wir tun dies, indem wir uns selbst und unseren Partner so liebevoll, sanft und ehrlich behandeln, wie wir können. Für unser weiteres, gemeinsames Leben müssen wir Wege finden, die der Beziehung helfen, zu wachsen, stärker, weiser und intimer zu werden.

Wiedergutmachung bei unseren Kindern

Wenn wir Kinder haben, sind sie wahrscheinlich von unserer Beziehung betroffen. Unsere direkten Wiedergutmachungen sollten ihrem Alter und ihrem Reifegrade gemäß sein. Ein gesundes, funktionierendes Paarverhalten zu entwickeln ist vielleicht die beste Wiedergutmachung, weil es das Vorbild für das zukünftige Verhalten unserer Kinder sein wird.

Unsere Wiedergutmachung an jüngeren Kindern kann viele andere Formen annehmen. Eine davon ist, Hilfe zu suchen, um bessere Eltern zu werden. Wahrscheinlich sind viele unserer elterlichen Fähigkeiten, die wir als Paar entwickelt haben – von denen wir wiederum viele von unseren Eltern übernommen haben – nicht gesund und verbesserungsbedürftig. Vielleicht sollten wir es mit Elternkursen versuchen.

Als Eltern kleiner Kinder gibt es keine wichtigere Aufgabe, als unsere Kinder zu fördern und ihnen zu helfen, möglichst frohe und produktive Erwachsene zu werden. Lasst uns das wiederholen: ES GIBT KEINE WICHTIGERE AUFGABE, ALS UNSERE KINDER ZU FÖRDERN UND IHNEN ZU HELFEN, MÖGLICHST FROHE UND PRODUKTIVE ERWACHSENE ZU WERDEN! Sie sind das Ergebnis der menschlichen Entwicklung der letzten Jahrhunderte. Sie sind einzigartig und wir tragen Verantwortung für sie. Es ist unsere Pflicht, die bestmöglichen Eltern zu sein. Wenn wir nicht kompetent genug sind, diese Aufgabe bestmöglich zu erfüllen, müssen wir Kurse besuchen, Elternbücher lesen und Hilfe von außen suchen. Dies gilt für Männer und Frauen gleichermaßen.

Kahlil Gibran schrieb Folgendes über Kinder:

. . . Und eine Frau, die einen Säugling an der Brust hielt,
sagte: Sprich uns von den Kindern.
Und er sagte:
Eure Kinder sind nicht eure Kinder.
Sie sind die Söhne und Töchter der Sehnsucht
des Lebens nach sich selbst.
Sie kommen durch euch, aber nicht von euch,
Und obwohl sie mit euch sind, gehören sie euch doch nicht.
Ihr dürft ihnen eure Liebe geben, aber nicht eure Gedanken,
Denn sie haben ihre eigenen Gedanken.
Ihr dürft ihren Körpern ein Haus
geben, aber nicht ihren Seelen,
Denn ihre Seelen wohnen im Haus von morgen,
das ihr nicht besuchen könnt,
nicht einmal in euren Träumen.[20]

Für unsere erwachsenen Kinder könnte die beste Wiedergutma-chung sein, dass wir unser früheres ungesundes Verhalten anerkennen, ihnen mit gesunden Respekt für sie als Erwachsene begegnen und ihnen versichern, dass wir sie emotional auf ihrem Weg unterstützen werden.

Wiedergutmachung an anderen

Wir beenden unsere Wiedergutmachungsliste mit allen anderen Per-sonen oder Institutionen, denen einer von uns oder wir beide Schaden zugefügt haben. Wenn wir alle Personen (auch uns selbst) und Institu-tionen aufgelistet haben, machen wir einen Aktionsplan, um situations-bedingt die passende Wiedergutmachung zu leisten. Jetzt ist enge Kom-munikation und Verständnis für unseren Partner gefragt. Wir werden unsere Listen miteinander besprechen, um uns auf unseren Aktionsplan zu einigen. Wenn wir unsicher sind, was die geeignetste Maßnahme wäre, holen wir Rat von Menschen ein, die uns helfen können, die Situa-tion klarer zu sehen. Dies ist ein guter Zeitpunkt, um unser Sponsorpaar oder andere Vertrauenspersonen ins Boot zu holen.

Ein von unserer Höheren Macht
geführter Prozess

Letztendlich suchen wir durch Gebet und Meditation nach einer Wahr-nehmung oder dem Bewusstsein, dass der gesamte Vorgang der Wie-dergutmachung als Ergebnis unseres Handelns im Dritten Schritt von unserer Höheren Macht geleitet wird.

Während der Vorbereitung müssen wir uns bewusst sein, dass un-gelöste Ressentiments uns und unserer Paarbeziehung Energie rauben. Wir sind dabei, vergangenes Unrecht zu berichtigen, indem wir unser Verhalten ändern. Es gibt einen Unterschied zwischen einer Entschuldi-gung und einer Wiedergutmachung. Viele von uns haben sich schon ihr ganzes Leben lang entschuldigt, aber wir haben es versäumt, unser Verhalten zu ändern. Jetzt müssen wir die volle Verantwortung für unser vergangenes Verhalten übernehmen, anerkennen, dass dieses Verhalten unangemessen war, die Konsequenzen akzeptieren und das Verhalten ändern.

Es ist unser Ziel, mit diesem Schritt in Einklang mit unseren Mitmenschen zu kommen. Auf diese Weise werden wir Seelenfrieden und Gelassenheit auf eine Weise finden, die für andere nicht schädlich ist. Was ist die Lohn dieser Arbeit? Anonyme Paare in Genesung macht die folgenden Versprechen:

Wenn wir uns ehrlich einlassen und sehr gründlich gemeinsam in den Zwölf Schritten arbeiten, so werden wir schnell begeistert feststellen, wie rasch unsere Liebe zurückkehrt. Wir werden eine neue Freiheit und ein neues Glück kennenlernen. Wir werden lernen, wie wir zusammen spielen und Spaß haben können. Während wir gegenseitige Vergebung erfahren, werden wir die Vergangenheit weder bereuen, noch die Tür hinter ihr zuschlagen. Das Vertrauen ineinander wird zurückkehren. Wir werden verstehen, was das Wort Gelassenheit bedeutet und erfahren, was Frieden ist. Wie nah wir dem Zusammenbruch auch gekommen sind, wir werden doch erkennen, dass unsere Erfahrungen für andere hilfreich sein können. Das Gefühl von Nutzlosigkeit, Scham und Selbstmitleid wird verschwinden. Wir werden das Interesse an selbstsüchtigen Dingen verlieren und Interesse an unserem Partner, unseren Familien und anderen Menschen gewinnen. Unsere Selbstbezogenheit wird verschwinden. Unsere ganze Haltung und Einstellung zum Leben wird sich ändern. Die Angst vor Menschen und vor wirtschaftlicher Ungewissheit wird uns verlassen. Wir werden intuitiv wissen, wie wir mit Situationen umgehen können, die uns früher umgeworfen haben. Wir werden bessere Eltern, Arbeitende, Helfende, Freunde und Freundinnen sein. Plötzlich wird uns bewusst, dass Gott für uns das tut, wozu wir alleine nicht in der Lage sind. Sind das alles übertriebene Versprechen? Wir meinen nicht. Sie werden an uns erfüllt, manchmal schneller, manchmal langsamer. Sie werden sich immer verwirklichen, wenn wir daran arbeiten. [21]

Diese schönen Worte, die als „Versprechen" bezeichnet sind, wurden ursprünglich von RCA aus dem Blauen Buch der Anonymen Alkoholiker entnommen aus dem Kapitel „In die Tat umgesetzt". Dieses Kapitel beschreibt das Ergebnis, das uns versprochen wird, nachdem wir bis zum Neunten Schritt gearbeitet haben. [22]

Für`s Wiedergutmachen gilt: Sich selbst und dem anderen vergeben, es einfach halten und das Ergebnis an die Höhere Macht übergeben

Zur Vorbereitung der Wiedergutmachung gibt es einige hilfreiche Tipps. An erster Stelle steht die Vergebung. Vergebung muss mir selbst gegenüber und dem anderen gegenüber erfolgen. Gebet und Meditation sind oft unerlässlich, um diese Vergebung zu erreichen. Die Wiedergutmachungen sollten im Geiste dieser Vergebung erfolgen. Es ist eine gute Idee, die geplanten Wiedergutmachungen mit unserem Sponsorpaar durchzugehen.

Beim Wiedergutmachen ist es wichtig, jegliche Schuld des anderen herauszuhalten. Wenn wir unsere Fehler zugeben und gleichzeitig auf Mängel hinweisen, die wir beim anderen zu sehen glauben, dann ist das keine Wiedergutmachung, sondern bedeutet, dass wir einem ohnehin schon ungemütlich heißen Feuer noch mehr Brennstoff hinzufügen.

Wir sind bereit, den gesamten Vorgang in die Hände unserer Höheren Macht zu legen und vertrauen darauf, dass unsere Wiedergutmachung dem Willen Gottes entspricht.

Wir halten es einfach. Es ist nicht notwendig, auf alle Einzelheiten einzugehen. Unser Ziel bei der Wiedergutmachung ist es, unseren Anteil an jeder Situation einzusehen und zu korrigieren, und nicht, eine Analyse der Situation zu liefern.

Wir können nicht vorhersagen, wie der andere reagieren wird. Wir hoffen alle, dass der andere mit Güte und Liebe reagieren wird. Wir haben jedoch weder das Recht noch einen Grund, dies zu erwarten. Die Enthüllung unseres früheren Fehlverhaltens könnte sogar Ärger oder andere barsche Reaktionen hervorrufen. Wie der andere reagiert, liegt nicht in unserer Macht; alles, was wir tun können, ist, die Situation unserer Höheren Macht zu übergeben und so liebevoll wie möglich damit umzugehen.

⇨ Arbeitsschritte in diesem Kapitel

1. Lest beide dieses Kapitel nochmals.

2. Lest **Anhang A** im hinteren Teil dieses Buches als Leitfaden.

3. Jeder schaut auf die Liste der Selbstverletzungen und entscheidet, welche Wiedergutmachungen notwendig sind, um es wieder in Ordnung zu bringen.

4. Jeder schaut sich die Liste der Verletzungen bzgl. des Partners und der Beziehung an und entscheidet, welche Wiedergutmachungen notwendig sind, um die Dinge wieder in Ordnung zu bringen.

5. Jeder betrachtet die Liste der Verletzungen, die sie anderen zugefügt haben, und entscheidet, welche Wiedergutmachungen notwendig sind, um die Dinge wieder in Ordnung zu bringen.

6. Jeder betrachtet die Liste der Verletzungen, die sie als Paar anderen zugefügt haben und entscheidet, welche Wiedergutmachungen notwendig sind, um die Dinge wieder in Ordnung zu bringen.

7. Beiden teilen die Ergebnisse miteinander.

8. Einigt euch über die "wir"-Wiedergutmachungen.

9. Beginnt sofort mit den Wiedergutmachungen. Für diejenigen, die nicht sofort vorgenommen werden können, solltet ihr eine klare Vorstellung davon haben, wann oder unter welchen Umständen sie vorgenommen werden könnten, und betrachtet es dann als eine Pflicht, die Liste ohne unnötige Verzögerungen abzuarbeiten.

10. Bedankt euch gegenseitig dafür, dass ihr zugänglich seid für die Heilung von euch selbst und eurer Beziehung.

11. Bewahrt euch selber, euren Partner und eure Beziehung liebevoll in euren Herzen.

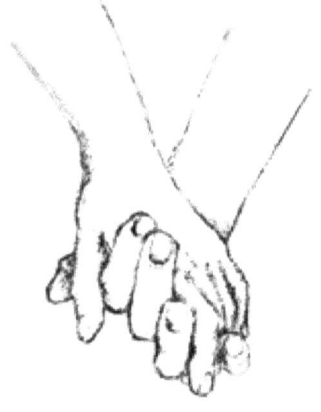

NEU GEBOREN UND BLEIBEN:
Zehnter Schritt

„ Wir setzten die Inventur bei uns fort und wenn wir Unrecht hatten, gaben wir es sofort zu – gegenüber unserem Partner und anderen, die wir verletzt hatten"

Man sollte jeden Tag so leben, als wäre es eine Inspektion vor dem Flug.

MAURICE, DER ASTRONAUT IN DER
TV-SERIE „NORTHERN EXPOSURE" [23]

Hier auf unserer Lebensreise führen wir laufend Reparaturen durch.

JACK M.

Frisch anfangen: Unsere ganze bisherige Arbeit hat uns an diesen Punkt des Neuanfangs geführt. Hier fangen wir in unserem individuellen Leben und im Leben unserer Beziehung neu an. Alles dysfunktionale Verhalten, das wir entdeckt, untersucht, und zugegeben haben, ist durch unsere eigene Vergebung gelöscht worden und durch unsere Wiedergutmachungen angesprochen worden. Jetzt stehen wir am Beginn eines neuen Zusammenlebens. Während wir gemeinsam in dieses neue Leben eintreten, möchten wir sicherstellen, dass wir nicht wieder einen Müllberg schaffen, der dann wieder abgetragen werden muss. Stattdessen wollen wir Probleme angemessen behandeln, sobald sie auftauchen, und nicht zulassen, dass sie die Zukunft trüben. Die Handlungsanweisung von Schritt 10 lautet: „Wir setzten die Inventur bei uns fort und wenn wir Unrecht hatten, gaben wir es sofort zu – gegenüber unserem Partner und anderen, die wir verletzt hatten."

Wenn wir mit der Arbeit am Zehnten Schritt beginnen, nehmen wir uns einen Moment Zeit, um über die Arbeit nachzudenken, die wir geleistet haben, um hierhin zu kommen. Zuerst haben wir erkannt, wie machtlos wir über unsere Beziehung waren und wie, als wir versuchten, unsere Probleme aus eigener Kraft zu lösen, die Beziehung noch schwieriger wurde. Aus dieser scheinbar hoffnungslosen Position heraus erkundeten wir die Möglichkeit, dass eine Macht größer als wir selbst helfen könnte, wenn wir als Individuen dies nicht könnten. Im dritten Schritt haben wir Gott, so wie wir Gott verstanden haben, in unsere Beziehung eingeladen, um uns durch unsere Schrittarbeit und unser gemeinsames Leben zu führen. Im vierten Schritt haben wir die Probleme und die zugrunde liegenden Ursachen vollständig untersucht. Im Fünften Schritt haben wir Verantwortung für unsere Probleme übernommen, indem wir Gott, uns selbst und einem anderen Paar genau eingestanden haben, wie wir in der Vergangenheit ineffektiv gehandelt haben. In den Schritten 6, 7, 8 und 9 haben wir einen Korrekturkurs begonnen, um die Negativität der Vergangenheit zu beseitigen, indem wir vergeben, Wiedergutmachung leisten, uns entschuldigen und ein vorbildliches Verhalten und Leben an den Tag legen.

In diesem Schritt erkennen wir nun, dass wir, so gut es uns möglich ist, mit unserem Partner, unseren Familien und allen anderen Menschen und Institutionen auf Augenhöhe sind. Oder wir sind gerade dabei, uns durch Wiedergutmachung auf Augenhöhe zu arbeiten. Wir können unserem Partner und anderen direkt in die Augen schauen und wissen, dass nichts existiert, was uns weniger oder mehr wert macht als sie. Wir haben mit Hilfe der Höheren Macht reinen Tisch gemacht und unsere Höhere Macht hat ihn für uns sauber gewischt. Die Versprechen werden in unserem Leben allmählich sichtbar und spürbar und wir spüren einen gewissen Seelenfrieden – oder, wie manche es nennen, Gelassenheit.

Wie können wir dieses neue Maß an Frieden und Freude bewahren, für das wir so hart gearbeitet haben? Es gibt drei Möglichkeiten. Die erste ist eine sofortige Bestandsaufnahme unserer Handlungen, wenn Situationen auftreten, die uns in alte Verhaltensweisen zurückfallen lassen könnten.

Die zweite besteht darin, täglich zu überprüfen, wo wir in Bezug auf unseren Partner und andere stehen. Wir fragen uns: „Habe ich heute nach Gottes Willen für mich und für die Beziehung gelebt? Habe ich reinen Tisch gemacht und ist mein Denken frei von Negativität?"

Der dritte Weg ist, sich gelegentlich Zeit zu nehmen, um über unser Leben nachzudenken und die Muster und Richtungen zu sehen, die unser Leben und unsere Beziehung in der vorherigen Zeitspanne eingeschlagen haben. Dies kann in Form einer Auszeit von der täglichen Routine, einem spirituellen Kurzurlaub, geschehen.

Sofort-Inventuren: Die laufende Kurskorrektur

Man sagt, dass, als die Menschen zum ersten Mal zum Mond flogen, das Raumfahrzeug zu 90 Prozent vom Kurs abwich. Ständige Kurskorrekturen waren notwendig, um das zu erreichen, was die meisten Menschen damals für fast unmöglich hielten. Um diese Kurskorrektur geht es im zehnten Schritt. Um zu wissen, inwieweit wir eine Kurskorrektur benötigen, müssen wir feststellen können, wo wir sind und was wir richtig machen. Manche nennen diese Art von Inventur spielerisch eine „Positiv-Inventur". Wir müssen diese Inventur der positiven Handlungen haben ebenso wie die "Negativ-Inventur" beziehungsweise die der negativen Dinge, die wir nach wie vor tun. Durch ständige positive und negative Inventuren können wir das Gleichgewicht in unserem Leben und in unseren Beziehungen verstehen.

Es ist ein unglaublich kraftvoller Moment, wenn ein Partner in einer Beziehung erkennt, dass er im Unrecht ist und sofort damit aufhört, sich entschuldigt und dann mit einer korrekten Handlung oder Änderung fortfährt. Unserer altes Verhalten war es, alles zu tun, um das schlechte Verhalten zu rechtfertigen, wenn uns schwante, dass wir Unrecht hatten, und wir haben dabei eine kleine Ungerechtigkeit in ein großes Desaster eskalieren lassen. Das machen wir nicht mehr. Wir möchten keine emotionalen Probleme mehr lösen müssen. Diese Schritte zu machen ist harte Arbeit – zu hart, um es bei einer ganzen Reihe neuer Fehler noch einmal machen zu müssen. Wir werden uns jetzt mit negativen Dingen befassen, sobald uns diese bewusst sind.

Ebenso ist es sehr wertvoll „Dankbarkeitslisten" zu schreiben. Es ist einfach, sich mit den Dingen zu befassen, die in unserem Leben nicht so gut laufen und dabei depressiv zu werden. Oft besteht eine Heilung darin, eine Liste aller Dinge in unserem Leben zu erstellen, die sehr gut laufen: unsere Erfolge, Menschen, die unser Leben besonders machen, die Dinge, die uns Freude machen, und für alles, wofür wir dankbar sind. Das übliche Ergebnis dieser Prozedur ist, dass wir feststellen, dass es in unserem Leben viel mehr Dinge gibt, die freudig auf dem richtigen Weg sind, als diejenigen, die uns belästigen oder deprimieren. Eine der Phasen der Veränderung ist Depression oder Traurigkeit. Es ist wichtig, traurig zu sein, damit wir den Trauerprozess durchlaufen und für neues Verhalten voll präsent sein können. Gefühle und Trauer bei Verlust sind wichtig. Es ist wichtig, sich darin zurechtzufinden. Eine Inventur der vielen Dinge, für die wir dankbar sind, ist sehr wichtig für unser Wachstum und Verständnis unserer Entwicklung und Heilung.

Es gibt eine sogenannte „90/10-Regel". Die besagt, dass 90 Prozent in unserem Leben gut laufen und 10 Prozent eine Herausforderung oder ein Problem darstellen. Wir konzentrieren 90 Prozent unserer Energie auf die 10 Prozent, die nicht so gut sind. Um in Balance zu leben, ist es sinnvoller, 90 Prozent unserer Zeit auf die 90 Prozent zu konzentrieren, die gut laufen. Der Bonus ist dann, dass wir 90 Prozent der Zeit in Freude leben.

Wir müssen uns von Moment zu Moment bewusst sein, was in uns vorgeht. Wir müssen uns unserer Gefühle bewusst sein und diese anerkennen, ob es sich bei diesen Gefühlen um Wut, Angst, Intoleranz, Wärme, Liebe oder Leistungsstolz handelt. Wir müssen uns unserer Handlungen und der Ergebnisse unserer Handlungen bewusst sein. Wenn wir spüren, dass unser altes Verhalten zurückkehrt, müssen wir damit aufhören und das Notwendige tun, um die Dinge wieder in Ordnung zu bringen. Wenn wir versuchen, unseren Partner wieder zu kontrollieren, müssen wir es erkennen, stoppen und zugeben, dass wir unangemessen gehandelt haben, sobald wir es erkannt haben.

Da unser Partner während dieses Prozesses gesünder geworden ist, kann es sein, dass er oder sie uns mitteilt, dass wir eine Grenze verletzen. Aus dem gleichen Grund werden wir Dinge erleben, die sehr schön sind. Unser neues Verhalten ermöglicht es uns, das Gute leicht zu identifizieren und unsere Freude und Dankbarkeit auszudrücken. Sehr oft in schwierigen Beziehungen, werden nur die negativen Verhaltensweisen und Ergebnisse geteilt, während alle guten Dinge zurückgehalten werden. Robert Louis Stevenson schrieb: „Stille Dankbarkeit nützt niemandem viel."

Während unserer Arbeit im Zehnten Schritt ist es wichtig, uns bewusst zu machen, dass es nicht darum geht „Dinge richtig zu machen". Einige Beispiele sind, übermäßig nett zu sein, um die Zustimmung unseres Partners oder anderer zu bekommen, uns zu isolieren, um Situationen zu vermeiden, in denen wir das Risiko eingehen könnten, wir selbst zu sein, und unser Fehlverhalten auf eine andere Person zu projizieren.

Tägliche Inventur

Einige Paare beginnen am liebsten jeden Tag mit einer täglichen Bestandsaufnahme, die von der Arbeit im elften Schritt (Gebet und Meditation) begleitet wird. Andere ziehen es vor, vor dem Schlafengehen die letzten 24 Stunden zu überprüfen und festzustellen, wo gute Fortschritte erzielt wurden und wo Korrekturen erforderlich sind. In beiden Fällen bietet dieser Reflexionsprozess die Möglichkeit, Situationen anzusehen, in denen Fehler gemacht wurden und Korrekturen erforderlich sind. Ebenso wichtig ist die Gelegenheit, über die positiven Maßnahmen, die wir ergriffen haben, nachzudenken und diese ebenfalls zu würdigen. Um ein neues Gefühl für die Realität zu erlangen und aufrechtzuerhalten – also Demut zu üben, müssen wir uns sowohl des Positiven als auch des Negativen bewusst werden. Wir sind dabei „vollkommen unvollkommen" zu sein, was unsere Aufgabe als Menschen ist. Diese tägliche Inventur kann als ständiger Vierter Schritt betrachtet werden.

Die Sofort-Inventur und die tägliche Inventur und die sich daraus ergebenden Änderungen bieten eine Reihe von Vorteilen. Wir können jede neue Schuld und Schande beseitigen, indem wir uns zeitnah mit der Situation befassen. Wir müssen uns nicht an Unwahrheiten erinnern, weil wir jetzt ehrlich handeln. Wir erleben Intimität durch unsere Beziehung, weil wir nichts mehr zurückhalten und uns erlauben, ehrlich, offen und verletzlich zu sein und gleichzeitig sie zu pflegen. Wir wissen, dass wir von unserem Partner nicht absichtlich verletzt werden, und wenn wir offensichtlich verletzt werden, wird unser Partner eine Änderung vornehmen, sobald das Fehlverhalten erkannt wird. Weil wir Verantwortung für unser Handeln übernehmen und unsere Fehler eingestehen, verbessert sich unsere Kommunikation sprunghaft.

Von-Zeit-zu-Zeit-Inventur

Ein dritter Typ des zehnten Schritts ist die Von-Zeit-zu-Zeit-Inventur. Dies kann angenehm und aufschlussreich sein. Einige Paare planen während des Jahres feste Zeiten ein als Kurzurlaub ohne Kinder, ohne Telefone und andere Ablenkungen.

Während dieser Kurzurlaube wird eine gegenseitige, ehrliche Reflexion über den Stand der Beziehung geteilt. Wenn diese Art des Zehnten Schrittes mit der Spirituellen Arbeit des Elften Schrittes kombiniert wird, wird diese Besinnungszeit sehr kraftvoll und lohnend. Eine solche

Arbeitsphase kann viel Heilung und verbesserte Intimität schenken. Da viele von uns die Planung persönlicher Dinge wie diese gerne in den Hintergrund rücken, ist es eine gute Idee, sich rechtzeitig für das nächste geplante Besinnungswochenende für die Beziehung festzulegen. Wir können uns einvernehmlich darauf einigen, wie oft solche Arbeiten im Zehnten Schritt durchgeführt werden und sie dann gemeinsam planen.

Die zu diesen Zeiten geleistete Arbeit kann auf der Anleitung zum Vierten Schritt in diesem Buch basieren. Indem wir überprüfen, was wir geschrieben haben, können wir entscheiden, ob irgendwelche der alten Charakterfehler immer noch Probleme verursachen. Wenn ja, besprechen wir dies mit unserem Partner und treffen Entscheidungen und Zusagen darüber, wie wir die Problembereiche angehen werden. Darüber hinaus sehen wir, ob sich neue Hindernisse für ein freudvolles Leben entwickelt haben, und treffen gemeinsam Entscheidungen und Zusagen, um diese Situationen zu korrigieren. All dies mit dem vollen Verständnis, dass wir jetzt eine Höhere Macht haben, die mit uns zusammenarbeitet, um das zu tun, was wir nicht alleine tun können.

Wie wichtig es ist, Dankbarkeit auszudrücken

Zu diesen besonderen Zeiten, wenn wir unsere Beziehung und unsere persönliche Genesung überprüfen, haben wir die Gelegenheit, unseren Dank auszudrücken. Insbesondere können wir verbalisieren, wie die Versprechen in unserem Leben und in unserer Beziehung erfüllt werden. Wir können eine Dankbarkeitsliste für die Beziehung erstellen und diese teilen. Wir sehen, wie wir geheilt sind und wie die Beziehung geheilt ist, seit wir dies das letzte Mal zusammen getan haben. Es ist eine beeindruckende Erfahrung, dieses Material miteinander zu teilen und eine wirklich vertiefende, intime Erfahrung.

⇨ Arbeitsschritte in diesem Kapitel

1. Lest beide dieses Kapitel.

2. Lest **Anhang A** im Anhang dieses Buches als Leitfaden.

3. Wenn ihr in einem Moment feststellt, dass ihr etwas falsch gemacht habt, sei es mit der Partnerperson oder mit jemand anderem, gebt euren Fehler sofort zu und tut, was nötig ist, um ihn zu korrigieren. Manchmal reicht es aus, etwas Einfaches zu sagen wie: „Es tut mir leid, ich habe einen Fehler gemacht. Ich will das nicht noch einmal tun." Danach halten wir uns daran.

4. Jede Person überprüft täglich den Tag. Jeder schaut darauf, wie er sich selbst, die Paarperson, die Beziehung oder andere verletzt hat und leistet Wiedergutmachung.

5. Jede Person reflektiert auch all die Dinge, die sie an diesem Tag gut gemacht hat und klopft sich auf den Rücken, um all die Freuden und Segnungen des Tages zu genießen.

6. Plant gemeinsam einen Zeitblock (einen Tag, ein Wochenende) für die Zehnter-Schritt-Inventurzeit. Einige Gruppen veranstalten zu diesem Zweck jährliche Besinnungswochenenden. Dies ist eine besondere Zeit für die Beziehung, stellt also sicher, dass es keine Ablenkungen gibt.

7. Entscheidet während dieser besonderen Zeit gemeinsam, wann die nächste Auszeit sein wird und beginnt sofort mit der Planung dafür.

8. Bedankt euch gegenseitig dafür, dass ihr zugänglich seid für die Heilung von euch selbst und eurer Beziehung.

9. Bewahrt euch selber, euren Partner und eure Beziehung liebevoll in euren Herzen.

DER HOHLE KNOCHEN: Elfter Schritt

„Wir suchten durch gemeinsames Gebet und Besinnung die bewusste Verbindung zu Gott – wie wir Gott verstanden – zu vertiefen. Wir baten nur darum, uns Gottes Willen erkennbar werden zu lassen und um die Kraft, diesen auszuführen."

Ich grüße das Licht in deinen Augen,
wo das ganze Universum wohnt;
denn wenn du in dieser Mitte in dir bist
und ich an diesem Ort in mir bin, werden wir eins sein.

CRAZY HORSE, LAKOTA

Eine offene Geisteshaltung

Religiöse Gruppen geben Anweisungen oder Beschreibungen, wie sie sich mit Gott oder der Spiritualität ihres Glaubens verbinden können. Es gibt einen nahezu universellen Entwurf für diesen Prozess. Es ist dies: Um zu spirituellen Wahrheiten oder Antworten auf spirituelle Fragen zu gelangen, ist es am besten, eine unbeschwerte Geisteshaltung zu haben. Unser wundervolles 12-Schritte-Gebet, das Gelassenheitsgebet, startet mit: „Gott gebe uns die Gelassenheit ...." Die erste Bitte ist für Gelassenheit, so dass was folgt im Geiste von Erleuchtung sein wird.

Gelassenheit wird definiert als: (1.) Die Qualität oder der Zustand gelassen zu sein, Klarheit und Ruhe, Stille, Frieden; (2.) Ruhe des Verstandes, Gleichmäßigkeit des Temperamentes, ungestörter Zustand,

Kühle. [24] Das beschreibt sehr schön den Bewusstseinszustand, in dem eine Person sein sollte, um in Kontakt mit Gott zu kommen und zu „lauschen".

Einige amerikanische Ureinwohner bezeichnen diesen Zustand als „hohlen Knochen". Andere Kulturen haben es als einen Zustand bezeichnet, in dem sie zum „hohlen Schilf" werden. Im bekannten Gebet des heiligen Franziskus steht geschrieben: „Herr, mach mich zu einem Werkzeug* für deinen Willen." (*im Englischen: „Kanal") Dieses Bild einer ungehinderten röhrenartigen Verbindung zwischen dem Sterblichen und Gott scheint sehr verbreitet zu sein. Wenn wir uns das bildlich vorstellen, sehen wir, dass ein leeres und freies Rohr seinen Inhalt transportieren kann. Nun stellt euch dieses Rohr mit Schmutz, Korrosion, Rost, Füllmaterial und Negativität gefüllt vor, und seht, wie unwahrscheinlich es ist, dass viel durch das Rohr fließt. Dieses Bild ist für das Verständnis von Meditation, in der wir Gottes Willen erkennen wollen, wichtig. Durch ein mit Müll gefülltes Rohr wird wenig herunterrinnen.

Das Gebet ist eine andere Sache. Wenn wir die Röhre als an einem Ende mit uns und am anderen mit Gott verbunden sehen, ist ein Gebet das Senden unseres Materials in die entgegengesetzte Richtung, nämlich zu Gott. Einige sagen, dass Gebet dazu dient, zu fragen und Botschaften, Lob usw. zu senden, und dass Meditation zum Empfangen dient.

Mit einer „Verstopfung" in unserer Röhre können unsere Bitten an Gott nur schwerlich nach oben fließen und Gottes Antworten uns nur schwer erreichen.

Wie viele von uns haben wieder und wieder für ein bestimmtes Ergebnis gebetet, nur um zu erleben, dass dieses Gebet nicht beantwortet wurde? Wie viele von uns haben genauso gebetet und dieses Gebet wurde auf wundersame Weise so erhört wie wir es wollten oder sogar besser? Was war bei euren Gebeten am häufigsten der Fall? Bis jetzt haben die meisten von uns wahrscheinlich kein Leben geführt, das mit täglichen positiven Gebetserhörungen gefüllt war. Die meisten unserer Gebetsanliegen sind wahrscheinlich nicht geschehen. Wir hatten eine

Blockade in unserem „Kommunikationskanal", unserer Verbindung.

Nun starten wir mit einer frischen und unbelasteten Haltung in den 11. Schritt. Unsere Glaubenssysteme entwickeln sich hin zu Liebe und Offenheit für neue Erfahrungen und Gedanken. Und wir haben die Bereitschaft, neues Wissen und Handeln stattfinden zu lassen. Dadurch, dass wir vergeben haben, haben wir uns für unsere eigene Spiritualität geöffnet.

Uns öffnen für den Willen unserer Höheren Macht

In den vorherigen Schritten haben wir uns mit einem Reinigungsprozess befasst, der uns mit uns selbst, mit unserem Partner, unserer Beziehung und allen anderen „ins Reine" gebracht hat. Jetzt, da unser Leben spirituell verändert wurde, haben wir die Möglichkeit, unserem Leben und dem Leben unserer Beziehung eine Richtung und einen Sinn gemäß einer Größeren Macht, einem größeren Willen und einem göttlichen Plan zu geben.

Im 2. und 3. Schritt haben wir anerkannt, dass wir uns an eine Macht, größer als wir selbst, wenden können und wir auf die Hilfe vertrauen können, die von keiner anderen Quelle verfügbar war. Wir entschieden uns dafür, unsere Willen täglich, wenn nicht sogar öfters. an den Willen dieser Höheren Macht zu übergeben. Zusätzlich wurde uns klar, dass Gott einen Willen für unsere Beziehung hatte, der möglicherweise anders war als alles, was unsere eigenen Egos sich vorstellen könnten.

Wir riefen diese Höhere Macht im 5. Schritt direkt an, indem wir Gott baten, Zeuge unserer vergangenen Fehltaten zu sein. Dann baten wir im 7. Schritt die Höhere Macht demütig, diese Anschauungen und persönlichen Charakterschwächen von uns zu nehmen, die so viel Schwierigkeiten und Schmerz verursacht hatten.

Nun wollen wir zusammen bewusst herausfinden, was unsere Höhere Macht für die Richtung unserer Beziehung im Sinn hat. Wir tun das, indem wir bessere Kommunikationswege zu Gott öffnen. Wenn wir dann Hinweise von unserer Höheren Macht erhalten haben, bitten wir um die Kraft, die Energie und den Mut, was auch immer nötig ist, um unsere manchmal selbstsüchtigen Muster zu überwinden und Schritte in diese Richtung zu machen.

Unser gemeinsames Gebet und gemeinsame Meditation

Dieser 11. Schritt unterscheidet sich von denen anderer 12-Schritte-Programme unter anderem dadurch, dass wir Gebet und Meditation gemeinsam praktizieren im Gegensatz zu individuellem Beten und Besinnen.

Was uns davon abhält, die Botschaften von Gott zu erfahren, ist der enge Blick auf unsere eigenen „hochfliegenden" Pläne, vorgefasste Meinungen darüber, wie die Beziehung sein sollte, und der Versuch, unsere Partner so zu manipulieren, dass sie unseren eigenen Vorstellungen entsprechen. Durch „Loslassen und Gott überlassen" geben wir uns dem bewussten Kontakt zu Gott hin, also durch Ehrlichkeit, Offenheit und Bereitwilligkeit (im Englischen als „H.O.W." bekannt: Honesty, Openmindedness, Willingness).

Einige von uns haben die Stimme Gottes in uns als die „leise innere Stimme" beschrieben, die immer da ist, wenn wir danach lauschen. Wenn wir damit beschäftigt sind, auf Andere zu reagieren und dabei das Gedankenkarussell wahrzunehmen, das in unseren eigenen Köpfen läuft, ist es uns nicht möglich, diese leise, innere Stimme zu hören. Die Schritte 1 bis 10 gaben uns die Werkzeuge, unseren Geist zur Ruhe zu bringen und zu Gelassenheit zu gelangen.

Nun beschwört uns der 11. Schritt durch unser gemeinsames Gebet und gemeinsame Meditation die bewusste Verbindung zu Gott, wie wir

Gott verstanden, zu suchen, nur darum betend, uns Gottes Willen erkennbar werden zu lassen und um die Kraft, diesen auszuführen.

Ein Gebet muss keine Einkaufsliste unserer Bedürfnisse sein. In der Tat können kurze Gebete wie „Gott helfe uns" oder in der bestätigenden Form „Gott hilft uns" wirksamer sein. Bejahendes Gebet (Affirmation) ist eine Bitte und ein „Dankeschön" oder eine Bestätigung gleichzeitig. Eine andere Gebetsidee stammt aus dem Heiligen-Franziskus-Gebet: „Mach uns zu einem Werkzeug deines Friedens." Eine weitere Idee: „Dein Wille, nicht meiner, geschehe." In diesem Schritt beten wir: „Wir bitten nur, dass wir Deinen Willen für uns verstehen." Wir bitten um dieses Wissen in Bezug auf bestimmte Situationen in unserem Leben und auch als eine Führung für unser gemeinsames Leben. Nachdem wir während unseres gemeinsamen Gebets nach einer Antwort gefragt haben, können wir durch gemeinsame Meditation die Antwort „hören".

Wenn ihr noch keine für euch passende Meditationsform gefunden habt, gibt es reichlich Informationen über die verschiedenen Möglichkeiten, zu meditieren. Je ein Beispiel für ein Paargebet und für eine Meditation findet ihr im ANHANG D dieses Buches. Zum gemeinsamen Meditieren wählen wir einfach eine Methode aus, die wir nach unserem gemeinsamen Gebet ausprobieren möchten. Was wir suchen, ist eine Möglichkeit, unseren Geist von der Vielzahl der Gedanken zu befreien. Meditation klärt und beruhigt unseren Geist und öffnet uns für die immer noch leise innere Stimme. Meditation braucht – wie so vieles – Übung. Erwartet nicht, es sofort perfekt zu machen (was das auch immer sein soll). Gemeinsames Beten und Meditieren ersetzen NICHT individuelles Gebet und Meditation, sondern verstärken es. Beide Partner sollten sich natürlich über die Dauer und die passende Zeit für Gebet und Meditation abstimmen. Manche Paare beginnen den Tag mit einem Gebet der Dankbarkeit, einem hoffnungsvollen Ausblick auf diesen Tag und schließlich mit einer Paar-Meditation. Andere Paare bevorzugen die Zeit vor dem Schlafengehen, um nach ihrem Zehnten Schritt gemeinsam zu beten und zu meditieren, insbesondere wenn eine Wiedergutmachung stattgefunden hat und der „Kanal" zu Gott freigemacht wurde. Andere Paare halten während der Woche feste Zeiten frei, um für ihre Beziehung zu beten und zu meditieren. Wieder andere genießen die Erfahrung, gemeinsam mit anderen genesenden Paaren in einer speziellen Gruppe zu meditieren, was oft eine eigene Energie mit sich bringt. Aus der Vergangenheit kennen wir viele erfolgreiche Gebetsgruppen.

Generell können wir, wenn Probleme auftreten, zu jeder Tages- und Nachtzeit nach Gottes Willen suchen. Wenn wir mit unserem Partner in eine Meinungsverschiedenheit geraten, die zu eskalieren droht, sind wir gut beraten, uns Zeit zu nehmen und sofort darum zu bitten, Gottes Willen zu erkennen. Denkt daran, auf die immer noch leise Stimme zu hören, nicht auf die ängstliche, wütende, zornige Stimme, die in diesem Moment unseren Verstand besetzt.

Unser gemeinsames Leben unserer Höheren Macht übergeben

Wir werden wahrscheinlich feststellen, dass unser Bedürfnis, die eigene Position zu verteidigen, sich radikal verändern wird, wenn wir unsere Gedanken auf einen Höheren Zweck ausrichten. Einfache Gebete wie „Lass uns ein Werkzeug Deines Friedens sein" oder „Dein Wille geschehe", „Gott ist mit uns" oder das Gelassenheitsgebet sind sehr nützlich. Manche Menschen nehmen die leise, innere Stimme einfach nur als eine Stimme wahr, während andere sie als Antwort auf ihr Gebet visualisieren bzw. fühlen. Wenn ein uns persönlich bekanntes Ehepaar in einen Streit geriet, so rief die Frau: „Gott wird dich dafür bestrafen, und er wird durch mich sprechen." Das ist nicht das, was wir mit dieser Schritte-Arbeit im Sinn haben.

Gebet und Meditation benötigen Zeit und Übung für gute Ergebnisse. Es gibt eine Geschichte über einen Mann in New York, der einen anderen Mann anhält und fragt: „Wissen Sie, wie ich zum Opernhaus komme?". Der andere Mann sagt „ Ja sicher – üben, üben, üben!" Das gilt auch für unser gemeinsames Beten und Meditieren. Je mehr wir es tun, umso effektiver wird es für uns. 15 bis 20 Minuten für eine Meditation wird allgemein empfohlen.

Trotzdem sollte dies nicht als Regel verstanden werden. Musikbegleitete oder geführte Meditationen sind oft 20 bis 30 Minuten lang und haben den Vorteil, dass ihr euch nicht darum kümmern braucht, wie lange die Sitzung dauert.

Was diese Art von Gebet von anderen Gebetsformen unterscheidet, ist (so sagt es dieser Schritt), dass wir nur darum beten, uns Gottes Willen erkennbar werden zu lassen und um die Kraft, diesen auszuführen.

In diesem Schritt sind wir wirklich in der Lage, unseren Willen und unser gemeinsames Leben Gottes Willen Macht zu übergeben, wie wir es im 3. Schritt beschlossen haben. Indem wir dies tun, sind wir nun damit beschäftigt, unsere Egos aus dem Weg zu räumen, so dass unsere Höhere Führung die Möglichkeit hat, unsere Partnerschaft möglichst vollständig zur Blüte zu bringen. Wir werden mehr und mehr fähig sein zu sehen, dass unsere Partnerschaft ein Instrument Gottes ist. „Gott, mache mit uns, was DU willst."

Funktioniert das? In unserer anonymen Gemeinschaft gibt es viele Berichte darüber, die bestätigen, dass dies „funktioniert" hat; einer dieser Berichte ließ dieses Buch entstehen.

Stufen von Gebet und Meditation

Gebet und Meditation haben einige Elemente oder Stufen gemeinsam. Wenn wir unsere eigenen Meditationen entwickeln, sollten wir uns bewusst sein, was dazu nötig ist: (1) sich bereitmachen, (2) sich konzentrieren, (3) unseren Körper und dann unseren Geist entspannen und (4) Prozesse oder Techniken anwenden, um die Entspannung zu vertiefen.

Sich bereit zu machen, bedeutet eine Haltung zu wählen, um mit der Meditation zu beginnen. Liegt oder sitzt bequem und vermeidet äußere Ablenkungen.

Um euch zu konzentrieren, sprecht euer Gebet und richtet dann eure Energie auf eine einzigeSache. Schließt eure Augen und konzentriert euch auf eure Atmung oder die Musik, die ihr zu eurer Begleitung gewählt habt.

Entspanne deinen Körper, indem du beobachtest, wo Verspannungen sind und lass bewusst jede Spannung los.

Entspanne deinen Geist, indem du alle deine Gedanken loslässt. Das muss manchmal etliche Male während einer Meditations-Sitzung geschehen, insbesondere beim Anfänger. Sobald fremde Gedanken auftauchen, lass sie behutsam los.

Bei Ablenkungen oder Geräuschen von außen, nimm diese kurz wahr (lass sie jedoch los) und kehre dann sofort zum meditativen Zustand zurück. Versuche, die Meditation zu genießen und mach dir klar, dass es nichts zu fürchten gibt. Das Einzige, was wir wollen ist, eine Höhere Erfahrung zu erleben. Wir möchten euch ermutigen, eure Gebets- und Meditationstechniken als Paar zu vertiefen, bis ihr einen Weg gefunden habt, der für euch wirklich praktikabel und angenehm ist.

⇨ Arbeitsschritte in diesem Kapitel

1. Lest beide dieses Kapitel.

2. Lest **Anhang A** im hinteren Teil dieses Buches als Leitfaden.

3. Teilt miteinander eure persönlichen Erfahrungen mit Gebet und Meditation.

4. Stellt euch einen Plan zusammen, welche Art von gemeinsamem Gebet und Meditation ihr wünscht und auch wann und wie häufig ihr zusammen beten und meditieren wollt.

5. Folgt diesem Plan, aber seid bereit ihn zu ändern, wenn einer von euch etwas anderes probieren möchte.

6. In **Anhang D** findet ihr ein Beispiel für ein einfaches Gebet bzw. Meditation.

7. Teilt eure Erfahrungen nach jeder Sitzung miteinander.

8. Bedankt euch gegenseitig dafür, dass ihr zugänglich seid für die Heilung von euch selbst und eurer Beziehung.

9. Bewahrt euch selber, euren Partner und eure Beziehung liebevoll in euren Herzen.

GLÜCKLICH UND HILFREICH BIS ANS ENDE: Zwölfter Schritt

„Nachdem wir durch diese Schritte ein spirituelles Erwachen erlebt hatten, versuchten wir, diese Botschaft an andere Paare weiter zu geben und diese Grundsätze auf alle Aspekte unseres Lebens, unserer Beziehung und unserer Familien anzuwenden."

Die beste Nahrung ist das, was wir füreinander tun.

MUTTER TERESA

Wenn du Segen empfängst, gib ihn weiter.

PATTI LABELLE, SÄNGERIN

Wir säen einen Gedanken und ernten eine Handlung;
wir säen eine Tat und ernten eine Gewohnheit;
wir säen eine Gewohnheit und ernten einen Charakter;
Wir säen einen Charakter und ernten ein Schicksal.

WILLIAM MAKEPEACE THACKERAY,

ENGLISCHER SCHRIFTSTELLER

Spirituelles Erwachen

Als in den Anfangstagen der Anonymen Alkoholiker die Schritte entwickelt wurden, lautete der Zwölfte Schritt damals „Nachdem wir eine spirituelle Erfahrung erlebt hatten. . . . ". Während frühe Mitglieder des ersten AA-Zwölf-Schritte-Programms an einer offiziell verabschiedeten

Version arbeiteten, änderten sie das Wort „Erfahrung" in „Erwachen". Dies ist die Version, aus der andere 12-Schritte-Programme ihre Schritte abgeleitet haben, einschließlich der in diesem Buch vorgestellten 12 Schritte von RCA. Einige mögen eine spirituelle Erfahrung erlebt haben, aber alle werden ein spirituelles Erwachen erleben, wenn sie diese Schritte gehen.

Wir erwähnen diese erste Version von AA, weil es wichtig ist, die beiden Wörter zu unterscheiden. Einer der AA-Gründer, Bill W., hatte eine wahrhaftige spirituelle Erfahrung. Kurz vor seinem ersten Treffen mit Mitbegründer Dr. Bob erlebte er diesen Moment der Zeitlosigkeit in das helle Licht der Gegenwart Gottes getaucht und von absoluter geistiger Klarheit. Dr. Bob hatte nie solche Erfahrungen, obwohl er sich danach sehnte. Sein Weg war mehr ein spirituelles Wachsen als ein „Aha-Moment". Seine Erfahrung ist eher typisch für die der meisten Menschen in der 12-Schritte-Genesung, mit denen wir persönlich gesprochen haben. In unserem Fall haben wir beide irgendwann in unserem Leben eine spirituelle Erfahrung gemacht und seit wir als Paar genesen, einige Variationen der Erfahrung erlebt. Das Schreiben dieses Buches ist das direkte Ergebnis einer spirituellen Erfahrung.

Das spirituelle Erwachen wird sich immer in unserem Leben einstellen, wenn wir die Zwölf Schritte praktizieren. Das Erwachen ist die allmähliche Entfaltung unserer spirituellen Natur, wenn alter Groll durch Vergebung ersetzt wird, Schuld, Scham und Angst nachlassen, wenn wir neue, liebevolle Beziehungswege finden und unser gemeinsames Leben auf eine höhere Ebene gelangt. Mit jedem Schritt und mit jedem Tag geht unser Erwachen weiter, wenn wir neues Verhalten üben und nach dem Besten streben, was wir im Rahmen des großen Plans unserer Höheren Macht erreichen können.

DAS Ergebnis

Eine weitere Unterscheidung, auf die wir hinweisen möchten, ist das Wort „das" in diesem Schritt. Im englischen Originaltext heißt es: „Having had a spiritual awakening as the result...". Es heißt nicht „ein", sondern „das" Ergebnis. Warum wir hier so pingelig sind? Das Ergebnis der Arbeit dieser Schritte ist das spirituelle Erwachen. „Das" (the) gibt eindeutig an, dass es keinen anderen Zweck der Schritte gibt. Sie sind der Weg zu einem spirituellen Erwachen. Die Verwendung dieses bestimmten Wortes war durchaus beabsichtigt und soll Aussagekraft und Klarheit unterstreichen: Ein spirituelles Erwachen ist DAS Ergebnis der Arbeit in den Zwölf Schritten.

Üblicherweise wird so eine Absichtserklärung als Voraussetzung für eine bestimmte Vorgehensweise an den Anfang gestellt. Hier wird der eigentliche Zweck erst im letzten Schritt konkret angegeben. Wenn wir, als unsere Beziehung am Rande einer Katastrophe stand, über die Zwölf Schritte gestolpert wären und im ersten Schritt gelesen hätten: „Bereitet euch und eure Beziehung auf das spirituelle Erwachen vor", hätten wir möglicherweise nur ungern mit dem Zweiten Schritt weitergemacht. Wie meistens im Leben möchten wir, dass der Schmerz verschwindet, bevor wir zu höheren Ebenen menschlicher Erfahrung gelangen. Wenn wir voller Wut und Groll sind, ist es für uns fast unmöglich, liebevolle Menschen zu sein. Wir müssen das Dickicht und Unterholz unserer Dysfunktion beseitigen, bevor wir beginnen können, unseren wahren Weg zu erkennen.

Der Erfolg der Zwölf Schritte beruht auf spirituellen Eigenschaften. Indem wir uns einer Höheren Macht hingeben und die liebevolle Gegenwart dieser Höheren Macht nutzen, haben wir den Mut und die Kraft, uns zu offenbaren – uns selbst und anderen gegenüber. Wir können uns von unseren eigenen und anderer Menschen Erwartungen an unser eigenes Verhalten und an die Beziehung lösen. Wir verstehen sogar, dass all unsere bisherigen Erfahrungen, sowohl angenehme als auch

127

schmerzhafte, Teil dessen waren, was notwendig war, um uns dorthin zu bringen, wo wir jetzt sind – auf einer höheren Ebene des Bewusstseins und des Verstehens. Diese schrittweise Entfaltung einer positiven und liebevollen Verbindung zu Gott und anderen Menschen hat eine Verschiebung in unseren Gedanken und Handlungen bewirkt, die uns immer näher zu Gelassenheit und Glück bringt und weg von Schmerz, Angst, Schuld und Scham.

Diese Prinzipien anwenden

Dieser Schritt weist uns an, „. . . diese Prinzipien anzuwenden. . . ." Welche Prinzipien? Was bedeutet ‚anwenden'? Wenn wir im Wörterbuch nachschauen, finden wir Folgendes:

üben, üben, v.i. . . . . . *1. bestimmte Handlungen häufig oder gewöhnlich auszuführen, entweder zur Unterweisung, zum Gewinn oder zur Unterhaltung; als mit dem Breitschwert zu üben; mit dem Gewehr üben. 2. sich angewöhnen, auf irgendeine Weise zu handeln. 3. um heimlich zu handeln oder zu verhandeln. 4. theoretische Wissenschaft oder Wissen in die Praxis umzusetzen; theoretische Wissenschaft experimentell anzuwenden; eine Beschäftigung oder einen Beruf ausüben; z.B. ein Arzt praktiziert seit vielen Jahren.*

anwenden: 1. häufig, gewöhnlich oder gewohnheitsmäßig zu tun oder durchzuführen; durch eine Abfolge von Handlungen durchzuführen; um das Spielen zu üben; Betrug oder Täuschung zu üben; die Tugenden der Nächstenliebe und der Wohltaten zu praktizieren; Heuchelei üben. 2. als Beruf oder Kunst zu nutzen oder auszuüben; wie Jura oder Medizin zu praktizieren. 3. Verwendung oder Übung für Unterricht, Disziplin oder Geschicklichkeit; als, um Musik zu üben. 4. zu begehen; zu verüben; in die Praxis umsetzen. 5. zu verwenden; als geübte Straße. [obs.] 6. trainieren; durch Übung lehren. [25]

Es ist kaum zu glauben, dass ein so einfaches Wort so viele Bedeutungen haben kann. Wenn wir die Definitionen lesen, sehen wir, dass „üben" nicht mit langweiliger Wiederholung gleichzusetzen ist, wie einige von uns vielleicht beim Üben der Tonleitern für die nächste Musikstunde erfahren haben. Vielmehr glauben wir, dass das Üben der Tonleitern einen höheren Zweck hat, wie in einer anderen Definition beschrieben: theoretisches Wissen in die Praxis umzusetzen. Wenn wir diese verschiedenen Definitionen zusammenfassen, könnte eine gute Definition des Zwölften Schrittes wie folgt lauten:

Anwenden (üben): Das, was wir jetzt intellektuell wissen, in unserem Leben Wirklichkeit werden zu lassen, indem wir disziplinierte Gewohnheiten bilden, die zu grundlegenden Handlungen werden und in unserem eigenen wie auch unsrem gemeinsamen Leben für Gleichgewicht sorgen.

Wenn wir dem zustimmen, können wir zur Bedeutung der Prinzipien übergehen. Anstatt mit diesem Wort den gleichen Aufwand wie oben zu treiben, glauben wir, dass die passendste Definition eines Prinzips lautet: „Eine richtige Verhaltensweise; Aufrichtigkeit". Wenn wir also diese Prinzipien in allen Aspekten unseres Lebens anwenden, müssen wir „diese richtigen Verhaltensweisen, die wir jetzt gelernt haben, zu einem echten Bestandteil unseres Lebens werden lassen, indem wir disziplinierte Gewohnheiten bilden, die zu grundlegenden Handlungen werden und in unserem eigenen wie auch unserem gemeinsamen Leben für Gleichgewicht sorgen."

In den verschiedenen 12-Schritte-Gemeinschaften gibt es unzählige Variationen dieser Prinzipien. Manche sagen, sie sind die Liste der Prinzipien, die hinter jedem Schritt stehen. Eine solche Liste ist:

Schritt 1: Ehrlichkeit und Akzeptanz;
Schritt 2: Hoffnung;
Schritt 3: Glaube;
Schritt 4: Mut;
Schritt 5: Integrität;

Schritt 6: Bereitschaft;
Schritt 7: Demut;
Schritt 8: mitfühlende Liebe und Gerechtigkeit;
Schritt 9: Selbstdisziplin;
Schritt 10: Ausdauer und ein offener Geist;
Schritt 11: Bewusstheit; und
Schritt 12: Liebe und Dienst.

Vielleicht finden wir es hilfreich, uns Listen wie diese anzusehen. Der Schlüssel zu einer richtigen Lebensweise – nämlich die Prinzipien anzuwenden – liegt jedoch darin, die neuen Wege, die wir bei der Arbeit in den Schritten entdeckt haben, in die Tat umzusetzen im Umgang mit uns selbst, unserem Partner, unserer Beziehung und mit anderen Menschen. Unsere Erfahrungen bringen uns voran auf dem Weg zu einem Leben voller Freude.

Dr. Michael Ryce hat ein, wie er es nennt, Versprechen formuliert, dessen Verwendung er gerne zulässt:

Mein Versprechen

Ich verspreche, dir genügend zu vertrauen,
um dir die Wahrheit zu sagen
und dich in meinen Gedanken, Worten und Taten
LIEBEND, sanft und mit Respekt zu behandeln,
ob ich bei dir bin oder nicht.
Bei jedem Austausch werde ich mich der LIEBE,
unserer wahren Natur, hingeben.
Verbunden zu sein mit meiner Quelle
und meiner Beziehung zu dir
wird immer wichtiger sein als jedes andere Thema.
Wenn irgendetwas anderes als LIEBE auftaucht,
werde ich uns in meinem Herzen tragen,
während wir beide lernen zu kommunizieren,

Erfahrungen zu machen und VERANTWORTUNG
zu übernehmen für unsere Realitäten.
Ich werde da sein, für dich und mit dir,
die Kommunikation aufrecht erhalten und
die LIEBE bewusst, aktiv und gegenwärtig halten,
WÄHREND WIR HEILEN. [26]

Es ist ziemlich schwer, eine bessere Beschreibung unseres Engagements füreinander zu finden als diese, wenn wir anwendbare und geeignete Prinzipien suchen.

Die Botschaft weitergeben

Der realistische und ehrliche Blick auf uns selbst und unsere Beziehung und die daraus entstehende enorme Liebe, befähigt uns, die Botschaft der Genesung und der 12 Schritte weiterzugeben. Es ist genau diese Liebe, die es uns ermöglicht, die Hand in einer Art auszustrecken, die anderen Paaren hilfreich sein kann. Wenn wir die Botschaft weitergeben, teilen wir ehrlich unsere Erfahrung, Kraft und Hoffnung mit einem anderen Paar. Das kann der Katalysator für den Wandel sein, den sie brauchen. Das kann geschehen in Meetings, innerhalb der Familie, am Arbeitsplatz, in der Kirche oder sogar beim Einkaufen. Wenn die Menschen unsere glückliche, gelingende Partnerschaft sehen, möchten sie vielleicht das „Geheimnis" dahinter erfahren.

Nur wenige von uns haben gelernt, wie eine gelingende Paar-Beziehung funktioniert. Aber jetzt können wir ein Beispiel bieten, dem andere nacheifern können. Wir werden feststellen, dass das Teilen unserer Geschichte und das Weitergeben der Botschaft unsere eigene Beziehung stärkt; so funktioniert der Zwölfte Schritt – wir helfen anderen und das wiederum hilft uns. Dass wir in der Lage waren, in unserem eigenen Leben und in unserer Beziehung Veränderungen zu bewirken, zeigt anderen, dass Veränderung möglich ist.

Alle Aspekte unseres Lebens

Der letzte Teil des Zwölften Schrittes lautet: „diese Grundsätze auf alle Aspekte unseres Lebens, unserer Beziehung und unserer Familien anzuwenden". Schaut nochmal genau hin, wie alle Prinzipien des Programms eure Genesung bisher begleitet haben. Wir haben nun alle Schritte durchgearbeitet. Jetzt kennen wir – soweit es unsere Beziehung betrifft – den Verlauf der Genesung. Also geht es nun darum, glücklich und hilfsbereit diese Einsichten und Erfahrungen auf alle Menschen in unserem Leben und auf jedes andere Problem, jede Frage oder Herausforderung, auf die wir stoßen könnten, anzuwenden.

⇨ Arbeitsschritte in diesem Kapitel

1. Lest beide dieses Kapitel.

2. Lest **Anhang B**. DIESES IST EIN LEBENSLANGES WERKZEUG!

3. Lest **Anhang A** im hinteren Teil dieses Buches als Leitfaden.

4. Teilt miteinander, wie ihr versuchen könnt, die 12-Schritte-Botschaft an andere Paare weiterzugeben.

5. Teilt miteinander, wie ihr diese Prinzipien in allen Aspekten eures Lebens, eurer Beziehung und eurer Familie anwenden werdet.

6. Macht einen verbindlichen Plan über die Dinge, die ihr individuell tun werdet, und die, die ihr gemeinsam tun werdet.

7. Folgt dem Plan, aber seid bereit, ihn zu ändern, wenn einer von euch oder ihr beide etwas anderes ausprobieren möchtet.

8. Bedankt euch gegenseitig dafür, dass ihr zugänglich seid für die Heilung von euch selbst und eurer Beziehung.

9. Bewahrt euch selber, euren Partner und eure Beziehung liebevoll in euren Herzen.

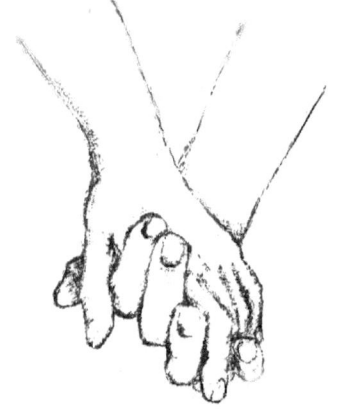

PAAR-WERTSCHÄTZUNG:
Ein neues Gefühl, ein neuer Gedanke

Wertgefühle können nur in einer Atmosphäre gedeihen,
in der individuelle Unterschiede geschätzt
und Fehler toleriert werden, in der offen kommuniziert wird
und Regeln flexibel sind – die Art von Atmosphäre,
die man in einer fürsorglichen Familie vorfindet.

VIRGINIA SATIR, FAMILIENTHERAPEUTIN

Der Unterschied zwischen Ego und Selbstwertgefühl
besteht darin, dass Selbstwertgefühl kein Publikum braucht.

DON VERNINE

Ein Paar beschrieb seine neu gewonnene Paar-Wertschätzung wie
folgt:

Als sich unsere Beziehung verbesserte, entdeckten wir etwas,
was wir noch nie zuvor in unserem Leben erlebt hatten. Es
entstand ein neues Gefühl, das immer stärker und stärker und
stärker wurde. Als das Gefühl nicht mehr zu leugnen war,
machten wir es uns zur Aufgabe, es zu beschreiben. Es fühlte
sich sehr nach Stolz an. Es fühlte sich ein wenig an wie das
Gefühl, unserer Familie zum ersten Mal ein neues Leben, ein
neugeborenes Kind, vorzuführen. Das war ein wunderbares
Gefühl.

Es fühlte sich wirklich gut an und tut es immer noch. Tatsäch-
lich fühlt es sich immer besser und besser an. Ausgelöst wurde
dieses wachsende Gefühl immer wieder durch einen Gedanken
über unsere Beziehung. Als immer klarer wurde, dass es keine
Einbildung – sondern sehr real war, dachten wir, dass wir die-

sem Gedanken einen Namen geben mussten. Wir nennen es „Paar-Wertschätzung".

Paar-Wertschätzung war anders als jeder andere Denk- oder Gefühlsvorgang, den wir in unserer gemeinsamen Beziehung oder in irgendeiner anderen Beziehung, in der wir jemals waren, erfahren hatten. Wir sind stolz darauf, in dieser Beziehung zu sein, stolz darauf, miteinander verheiratet zu sein, und wir wissen ganz genau, dass wir das Richtige tun und richtig sind.

Es scheint, dass es tatsächlich so etwas wie Paar-Wertschätzung gibt. Wir und andere Paare, die wir kennen und die diese Arbeit getan haben und gegenwärtig tun, machen ebenfalls diese Erfahrung. Es fühlt sich wunderbar an. Es fühlt sich sicher an. Es fühlt sich schamfrei an. Es fühlt sich lebendig an. Es fühlt sich vollständig an. Es fühlt sich perfekt an.

⇨ Arbeitsschritte in diesem Kapitel

Habt ein wunderbares Leben voller Freude zusammen!

GEBETE FÜR PAARE [27]

Paar-Gebet

Wir reisen gemeinsam durchs Leben,
wir zwei und DU
Zu DRITT halten wir uns an den Händen,
wir zwei und DU.

Wir heilen gemeinsam, wir lieben gemeinsam
und lachen gemeinsam dazu.
Wir machen alles möglich,
wir zwei und DU.

Auf dem Weg zu Glück und zu Dir
Kommen andre Suchende dazu
Wir bieten ihnen Hand und Herz,
wir zwei und DU.

Hand in Hand

Hand in Hand,
umarmen wir unser gemeinsames Leben.
Geführt von unserer Höheren Macht
und mit wachsender Liebe und Verständnis
teilen wir unsere Reise
… Hand in Hand.

Gebet an unsere Höhere Macht

Unsere Höhere Macht, DU bist jetzt und immer da,

Du bist das Fundament.

Deine Gegenwart umhüllt uns in allem was wir tun.

Du schenkst uns die Führung und den Trost, den wir brauchen.

Wir geben unsere Fehler zu, DU hilfst uns zu vergeben und wir suchen Frieden.

Dankbar legen wir unseren Willen und unser gemeinsames Leben in DEINE Obhut.

Hilf uns auf dem rechten Pfad vorwärts zu gehen und schütze uns auf unserer Reise, jetzt und für immer.

ANHANG A

MITEINANDER TEILEN:
DIE SCHRITTE ARBEITEN

Aus Erfahrung wissen wir, dass es für eine erfolgreiche Schritte-Arbeit zielführend ist, wenn sich das Paar jede Woche eine feste Zeit für die Arbeit an den Schritten nimmt. Legt bei eurem ersten Meeting einen Zeitplan für eure Schritte-Arbeit fest, der euch als Leitfaden dient. Jedes Paar ist einzigartig und sollte in einem Tempo arbeiten, das zum einen für beide Partner relativ angenehm ist, aber auch Verschleppung und Verleugnung verhindert. Dies erfordert meist Kompromisse. Es kann hilfreich sein, erst einmal einen Zeitplan für die ersten Schritte festzulegen. Am Ende dieses Prozesses könnt ihr sehen, wie es geklappt hat und ein besseres Gefühl dafür bekommen, was euch als Paar den besten Fortschritt bringt.

Wir können den Genesungsprozess auf vielerlei Art und Weise unbewusst sabotieren. Dazu gehört, unseren Zeitplan nicht verbindlich einzuhalten. Wenn es ein Problem gibt, organisiert um oder plant einen neuen Termin. Wie bei anderen Paaren kann es auch bei euch so ein, dass einer von euch gerne schnell vorankommen will, während der andere vielleicht hinterherhinkt. Macht euch klar, dass beides eine Art sein kann, wie wir mit Angst umgehen. Einige von uns greifen an, wenn sie Angst haben, andere ziehen sich dann zurück. Achtet auf die Balance.

Es ist wichtig, flexibel zu bleiben. Wenn beispielsweise einer der Partner an eurem geplanten Meetingstermin arbeiten muss, sucht einen neuen Termin. In diesem Fall beschuldigt euren Partner nicht, „die Schritte-Arbeit zu sabotieren". Es gibt Notfälle und unvorhergesehene Umstände. So ist das Leben. Auf der anderen Seite sollten die Schritte-Termine Priorität haben und nicht wegen einer spontanen gesellschaftlichen Veranstaltung, eines Telefonats oder einer guten Fernsehsendung abgesagt werden. Letzteres gehört in die Kategorie der Verschleppung und Sabotage.

Jeder Einzelne in der Partnerschaft macht die Schritte-Arbeit für sich. Abgesehen von einigen Ausnahmen geht es nicht darum, einen Konsens zu erzielen, sondern wir sind auf der Suche nach der Wahrheit eines jeden Einzelnen. Möglicherweise stellt ihr fest, dass die Wahrheit eures Partners sich von eurer unterscheidet. Wenn das so ist, akzeptiert eure unterschiedlichen Sichtweisen. Wenn ihr diskutieren möchtet, geht in einen Debattierclub, aber diskutiert auf keinen Fall die Sichtweise eures Partners auf die Realität.

Jeder Partner sollte seine eigenen Arbeitsblätter bzw. schriftliche Antworten haben. Diese privaten Aufzeichnungen sind für den anderen Partner tabu, außer wenn Informationen geteilt werden. Ein Zweck der Schritte ist es, Vertrauen ineinander zu entwickeln. Schnüffeln ist unangemessenes Verhalten. Es überschreitet persönliche Grenzen und zerstört das Vertrauen.

Schreibt eure Antworten in vollständigen Sätzen und genau so auf, wie ihr sie später mündlich teilen werdet.

Nachdem ihr das Material des Kapitels oder Schritts fertig geschrieben habt, teilt ihr es mit eurem Partner, indem ihr genau das lest, was ihr geschrieben habt. Füge keine zusätzlichen Wörter oder Gedanken hinzu. Lies einfach, was du aufgeschrieben hast. Der Partner muss zuhören und darf kein Feedback geben. Was du geschrieben hast, ist weder richtig noch falsch, gut oder schlecht. Es ist das, was du denkst und fühlst. Es ist in Ordnung und in der Tat ist es perfekt. Lest eure Antworten abwechselnd.

Der zuhörende Partner kann etwas sagen, aber nur, um eine Bestätigung dessen zu erhalten, was er seiner Meinung nach von dir gehört hat. Jeder fragt erst dann, wenn der andere mit dem Lesen fertig ist. Du bestätigen dann, dass der zuhörende Partner richtig gehört hat oder wiederholst die Antwort, wenn der zuhörende Partner nicht richtig verstanden hat. Beide Partner sollten dabei einen neutralen Tonfall wahren.

BEISPIEL: HÖREN UND TEILEN

Nehmen wir an, du hast zum Beispiel als Verleugnungstechnik "Angriff" aufgelistet. Darunter hast du geschrieben: „Ich lenke Bill häufig vom Thema ab, wenn er Geldprobleme anspricht, zum Beispiel letzte Woche, als er wissen wollte, warum das Girokonto überzogen wurde. Ich knallte die Tür zu und schrie ihn an, dass er immer Streit mit mir sucht und dass ich das nicht mehr ertrage."

Das, was du teilst, sollte sorgfältig verfasst sein und deinem Partner genau so vorgelesen werden, wie du es geschrieben hast.

Dein Partner gibt dir keinerlei Rückmeldung zum Inhalt deiner Antwort, außer er versteht die Antwort nicht. In diesem Fall kann er sagen: "Kannst du deine Antwort präzisieren, ich habe sie nicht verstanden?"

Der zuhörende Partner kann dem sprechenden Partner das, was gesagt wurde, „spiegeln", wenn es Zweifel darüber zu geben scheint, ob die Antwort verstanden wurde. „Habe ich dich sagen hören,. . . ?"

Wenn der zuhörende Partner den sprechenden Partner nicht richtig verstanden hat und dir nicht genau spiegelt, wie du deine Antwort gegeben hast, kannst du sagen: „Nein, ich habe genau gesagt. . . ."

Diese Spiegeltechnik ist super für Paare, bei denen einer Antworten „interpretiert", anstatt genau zuzuhören. Dies hilft sehr, dass es keine falschen „Botschaften" in unseren Gesprächen mehr gibt.

Die Antworten stehen unter keinen Umständen zur Debatte. Ihr schreibt jeweils das auf, was eure Realität ist und benutzt dafür Ich-Aussagen. Achte auf den Unterschied in den nächsten beiden Sätzen. „Wenn du wütend wirst, möchte ich gehen." Und dann die „Ich"-Aussage: „Ich habe Angst und möchte gehen, wenn du wütend wirst." Siehst du den Unterschied? In der ersten Aussage klingt es so, als würdest du die andere Person beschuldigen, etwas Schlechtes getan zu haben. So schlimm, dass sie es verdient, von dir verlassen zu werden. Ist Ärger nicht ein normales, gesundes menschliches Gefühl? Natürlich ist es das. Wut an sich ist nicht schlecht. In der zweiten Aussage erkennen wir zuerst, was wir fühlen und teilen dies dann mit. In diesem Fall ist es unser Problem, nicht in der Lage zu sein, mit einer sehr menschlichen Emotion, Wut, umzugehen. Und die ungesunde Reaktion ist, davonzulaufen. Wenn wir teilen, MÜSSEN wir unsere eigenen Gefühle benennen. Diese sind direkt mit unseren alten Glaubenssystemen verbunden und es sind diese veralteten Glaubenssysteme, die wir gerade verändern.

Denk daran, dass deine Wahrnehmung einer Antwort vielleicht völlig anders ist als die deines Partners. Das ist okay so. Du musst die Wahrnehmung deines Partners als dessen Realität akzeptieren: Sie ist weder richtig noch falsch, weder gut noch schlecht.

Es ist in Ordnung zu weinen, Schmerzen zu fühlen, zu lieben, wütend zu sein, Freude zu empfinden oder andere Gefühle zu spüren. Es ist nicht in Ordnung, die Antworten des Partners zu bewerten oder dessen Ideen, Meinungen oder Gefühle zu beschimpfen oder ändern zu wollen.

Es ist in Ordnung, nach einer Auszeit zu fragen. Bei dieser Arbeit kann es ziemlich intensiv werden. Ihr könnt z.B. die Schiedsrichterform für Auszeit verwenden: Die beiden Hände bilden den Buchstaben „T" wie bei einem sportlichen Wettkampf. Wenn eine Auszeit benötigt wird, geht die Person, die sie anfordert, nicht einfach weg, sondern sagt etwas wie: „Ich muss gerade mal raus, aber ich werde wiederkommen." Damit stellen wir sicher, dass unser Bedürfnis nach einem Moment der Ruhe nicht als ein Verlassen des anderen wahrgenommen wird. Die Person, die eine Auszeit benötigt, sollte sagen, wann sie zurück sein wird: «Ich brauche nur ein paar Minuten» oder «Können wir morgen Abend um sieben Uhr weitermachen?» Kein Ende der Auszeit mitzuteilen ist inakzeptabel.

Wenn ihr eure gemeinsame Arbeit beendet habt, dankt einander dafür, dass ihr so offen miteinander gesprochen und einander zugehört habt. Eine Umarmung ist eine gute Möglichkeit, das Meeting zu beenden. Wenn jedoch Probleme aufgetaucht sind, die ihr noch nicht gelöst habt, kann es sein, dass ihr euch nicht danach fühlt und einige Zeit benötigt, um sie zu verarbeiten, bevor ihr wieder Nähe zulassen könnt. Geht Risiken ein, aber verletzt weder eure eigenen intensiven Gefühle oder die Grenzen eures Partners.

Sobald die Arbeit an dem Abschnitt, dem Schritt oder dem Kapitel abgeschlossen ist, holt sie nicht nochmal hervor. Sie ist komplett und fertig. Benutze vor allem niemals, niemals, niemals etwas, das dein Partner während des Prozesses teilt, als Waffe in einem Streit. Das ist als tabu anzusehen. Denk daran, dass die Informationen, die dein Partner teilt, die Art und Weise sind, wie er sich selbst, die Beziehung und die Welt sieht. Du kannst seinen Standpunkt akzeptieren und respektieren und dennoch anderer Meinung sein.

ANHANG B

DIESE GRUNDSÄTZE IN ALLEN UNSEREN ANGELEGENHEITEN ANWENDEN: DIE SCHRITTE AUF ANDERE THEMEN ANWENDEN

WAS IST UNSER PROBLEM? Handelt es sich um ein Problem oder sind wir uns nur unklar, welche Entscheidung wir treffen sollen? Oft verwechseln wir Problemlösung mit Entscheidungsfindung. Wir haben ein Problem, wenn etwas passiert ist und wir die Ursache nicht kennen. Wenn wir die Ursache kennen, dann haben wir eine Entscheidung zu treffen und nicht ein Problem zu lösen. Wir sagen zum Beispiel: „Ich habe Bauchschmerzen". Sie schienen plötzlich aufzutreten, und ich weiß nicht, was die Ursache war. Das ist ein Problem. Um dieses Problem zu lösen, könnte ich wahrscheinlich zu einem Arzt gehen, ein medizinisches Buch lesen oder jemanden finden, der das gleiche hatte, und neue, erhellende Informationen über meinen Zustand erhalten.

Wenn ich nun Bauchschmerzen habe und sie sich wie die Bauchschmerzen anfühlen, die ich in der Vergangenheit jedes Mal dann hatte, wenn scharfe Chilischoten im Essen waren, dann habe ich wahrscheinlich kein Problem, sondern muß eine Entscheidung treffen. Ich habe die Wahl zwischen mehreren Möglichkeiten. Eine ist, Chilischoten zu essen in dem Wissen, dass ich höchstwahrscheinlich Bauchschmerzen bekommen werde. Eine andere Entscheidung wäre, keine Chilischoten mehr zu essen. Wenn ich keine Chilischoten mehr esse, ist das eine gute Entscheidung und ich werde wahrscheinlich keine Bauchschmerzen mehr bekommen.

Wenn wir uns dafür entscheiden, weiterhin Chilischoten zu essen, obwohl wir wissen, dass wir Bauchschmerzen bekommen werden, haben wir wahrscheinlich ein anderes Problem. Das Problem sind nicht mehr die Bauchschmerzen, sondern die uns unbekannten Ursachen dafür, dass wir uns selbst verletzen wollen. Wenn wir wissen, dass wir zur Lösung einer Situation bestimmte Entscheidungen treffen müssen, aber alle mit Schmerzen verbunden sind und wir uns nicht zu einem Entschluss durchringen können, dann ist unser Zögern (Verschleppen, Unentschlossenheit) das Problem.

Der Erste Schritt für die Anwendung der Grundsätze in anderen Bereichen unseres Lebens besteht darin, die Themen klar zu identifizieren, nach dem Problem zu suchen (das, was wir nicht lösen konnten) und dies aufzuschreiben. Dann suchen wir nach den Bereichen, in denen wir machtlos sind und erkennen, wie sich diese Machtlosigkeit auf unser Leben ausgewirkt hat.

Es könnte uns jetzt leichter fallen, den Zweiten Schritt zu arbeiten, weil wir schon Erfahrung damit haben, Dinge an Gott zu übergeben. Mittlerweile haben wir in unserer Paargenesung den Zweiten Schritt schon erfolgreich abgeschlossen. Wir können also darauf vertrauen, dass es eine Höhere Macht gibt, die uns genesen lässt. Wenn nicht, können wir das „Gottesproblem" genauso wie zuvor durcharbeiten, bis wir glauben können, dass eine Höhere Macht helfen kann.

Den Dritten Schritt machen wir wie üblich – jetzt mit einem neuen Thema im Fokus: wir übergeben unser Leben, unseren Willen und dieses Problem bzw. diese Frage oder Situation an Gott, so wie wir Gott verstehen. Wir tun dies formell mit einem Gebet.

Der Vierte Schritt wird je nach Thema sehr unterschiedlich sein. Eine Empfehlung lautet, zunächst unsere Herkunftsfamilie nach Hinweisen darauf zu untersuchen, was zu unserer jetzigen Situation beiträgt. Wenn es sich zum Beispiel um ein Geldproblem handelt, wäre es sehr weise, sich die Geld-"Botschaften" anzusehen, die wir in unseren prägenden Jahren erhalten haben. War Papas Botschaft: „Geld ist knapp" und Mamas Botschaft: „Ich werde etwas vom Geld für Lebensmittel abzweigen und Papa wird es nie erfahren"? Nachdem wir all diese Botschaften an-

geschaut und aufgeschrieben haben, können wir eine gründliche Bestandsaufnahme unseres Handelns bezüglich des Themas machen, das
uns aktuell beschäftigt. Was machen wir in diesen Situationen, so dass
ein Konflikt entsteht? Welche Glaubenssysteme (Einstellungen) müssen
in uns verändert werden? Denkt sowohl an gute als auch schlechte Einstellungen.

Im Fünften Schritt suchen wir eine andere Person/ein anderes Paar,
dessen Verschwiegenheit wir vertrauen und sagen ihnen alles, wirklich
alles, was wir über uns und die Situation entdeckt haben. Bezieht Gott
in diesen verbalen Prozess ein.

Im Sechsten Schritt müssen wir bereit sein, einige Dinge in unserem
Leben zu ändern, um aus diesem Problem oder dieser Situation her-
auszuwachsen. Welche Änderungen könnten wir vornehmen? Sind wir
bereit zur Veränderung?

Der Siebte Schritt sagt hauptsächlich: „Gott, nimm dies von uns. Wir
sind bereit." Vielleicht müssen wir auch Hilfe von außen suchen. Gott
wirkt sehr gut durch andere Menschen.

Im Achten Schritt bereiten wir uns darauf vor, unsere Straßenseite
zu diesem Thema zu säubern. Welche Korrekturen oder Wiedergutmachungen werden wir vornehmen müssen?

Im Neunten Schritt geht es darum, die Dinge so gut wie möglich
in Ordnung zu bringen. Wir setzen alles daran, um UNSER Chaos zu
beseitigen.

Damit wir dies nicht noch einmal tun müssen, hören wir, sobald wir
bemerken, dass etwas in dieser Art wieder auftaucht, damit auf und leisten Wiedergutmachung, um unseren Anteil an der Situation beizulegen.
Das ist Schritt Zehn.

Der Elfte Schritt lässt uns wie bisher mit Gebet und Meditation fort-
fahren, um Gottes Willen für uns zu erfahren und um die Kraft zu bitten, ihn ausführen zu können.

Und schließlich der Zwölfte Schritt: Anerkennen, dass der Prozess,
den wir gerade durchlaufen haben, spirituell war und dass wir mit ande-

ren teilen sollten, wie wir unser spezielles Dilemma gelöst haben. Das gibt unserer negativen Erfahrung einen höheren Zweck – anderen in ähnlichen Situationen zu helfen, ihren Weg zur Freude zu finden. Aber vor allem nehmen wir unsere Lektionen an und lehren durch unser Beispiel.

ANHANG C

WORTE, DIE WIR VERWENDEN KÖNNEN, UM GEFÜHLE ZU KLÄREN

Ich fühle mich...

wütend	ängstlich	verlegen
bösartig	beängstigt	hasserfüllt
genervt	klein	grollig
gereizt	verletzlich	sexy
rachsüchtig	geplagt	beschuldigt
besorgt	leer	selbstsüchtig
verletzt	eklig	schuldig
traurig	unrein	schadenfroh
selbstgerecht	verurteilt	unentschlossen
prahlerisch	gedemütigt	pflichtbewusst
hochmütig	bedrängt	desinteressiert
feige	kindisch	schmutzig
eingeschüchtert	misstrauisch	hässlich
verzweifelt	unwürdig	besorgt
verwirrt	verloren	reuevoll
frustriert	bekümmert	stolz
schäbig	machtlos	schwermütig
müde	verlassen	ausgelaugt
angewidert	unwichtig	wachsam
betrübt	unheilbar	lächerlich
einsam	gefühllos	zaghaft
allein	ungeduldig	gleichgültig

angespannt	unwohl	rein
herabgesetzt	unglücklich	würdig
seltsam	hoffnungslos	hübsch
hungrig	gelangweilt	befriedigt
nicht liebenswert	aufgeregt	erleichtert
ungerecht behandelt	zuvorkommend	friedlich
am Ende	freundlich	sorglos
reuevoll	wunderbar	selbstsicher
beschämt	gut	glücklich
angeekelt	mutig	selbstbewusst
benommen	hoffnungsvoll	liebenswert
abwesend	genügsam	klar
gefühllos	ruhig	zuversichtlich
mistrauend	dankbar	mitfühlend
argwöhnisch	zufrieden	warm
befangen	unversehrt	neugierig
nervös	mächtig	erstaunt
ruhelos	wichtig	inspiriert
gestresst	gesund	geborgen
empört	herzlich	sicher
entrüstet	liebevoll	anerkennend
erzürnt	unterstützt	gelassen
empfindlich	respektvoll	erfüllt
eifersüchtig	unschuldig	vertrauend

ANHANG D

PAAR-GEBET UND MEDITATION

20 MINUTEN

1. Setzt euch zusammen an einen ruhigen Ort. Sorgt dafür, dass alle Telefone leise gestellt sind, die Kinder betreut sind und – falls nötig – ein „Bitte nicht stören"-Schild an der Tür hängt.

2. Spielt entweder leise Musik oder eine Klangmeditation oder sitzt einfach in Stille.

3. Setzt euch auf einen Stuhl, mit den Füßen flach auf dem Boden, legt die Hände entspannt in den Schoß und schließt die Augen. Wenn ihr euch gegenüber sitzt, kann dies zusätzliche Energie erzeugen, wenn ihr euch damit wohl fühlt. (Wenn ihr es noch nicht gewohnt seid, zusammen zu beten und zu meditieren, könnt ihr euch das für später aufheben).

4. Nehmt euch 30 Sekunden bis eine Minute Zeit, um euren Geist und Körper zu entspannen.

5. Atmet dreimal langsam und tief ein. Stellt euch mit jedem Atemzug vor, wie ihr euch immer mehr entspannt.

6. Einer von euch kann laut ein einfaches Gebet beten, z. B.: „Gott, offenbare uns Deinen Willen für uns und gib uns die Kraft, ihn auszuführen." Ihr könnt auch gemeinsam ein vorgegebenes Gebet laut beten.

7. Während ihr meditiert werdet ihr feststellen, dass euch viele Gedanken in den Kopf kommen, die nur mit dem Stress des Tages zu tun haben. Wenn diese Gedanken auftauchen, seid euch einfach be-

wusst, dass sie da sind und lasst sie ziehen. Ihr könnt sie sogar im Stillen auf ihrem Weg „segnen", wenn sie bestehen bleiben. Wenn ihr eine Klangmeditation macht, konzentriert euch erneut auf das, was ihr hört. Wenn ihr in der Stille seid, konzentriert euch erneut auf das Ein- und Ausatmen. Ihr könnt euch dieses Atmen als Gott vorstellen, der euch mit Gottes Welt, Gottes Luft und Gottes Liebe füllt.

Wir gelangen in einen Zustand der gedankenlosen Stille. Das Empfangen von Inspiration in der Meditation erfordert diesen Zustand der Ruhe. Inspiration zu empfangen ist etwas anderes als „sich etwas auszudenken". In der Meditation versuchen wir, unser Denken und unsere intellektuellen Prozesse auszuschalten und sie durch geistige Ruhe zu ersetzen, die es uns erlaubt, intuitive Gedanken zu empfangen. Dies erfordert Übung. Wenn ihr anfangs „nichts bekommt", übt trotzdem weiter. Am Anfang werdet ihr vielleicht feststellen, dass Entspannung und Stressabbau das Einzige ist, was ihr erreicht. Das allein ist schon die Mühe wert.

8. Wenn sich die Meditation dem Ende zuneigt, gebt euch und eurer Paarbeziehung einige stille Affirmationen wie „Unsere Beziehung wird immer besser" oder „Wir tun Gottes Willen". Ihr werdet wissen, was ihr in diesem Moment betonen müsst.

9. Am Ende des Zeitraums kommt sanft zurück auf die normale Bewusstseinsebene und stellt fest, dass ihr euch wach und erholt fühlt.

10. Nachdem ihr die Augen wieder geöffnet habt und Zeit hattet, euch auf das volle Bewusstsein einzustellen, teilt eure Meditationserfahrung miteinander.

ANHANG E

MUSTERVERTRAG FÜR DIE PAAR-SCHRITTEARBEIT

Wir, _____ (eure Namen) _____ vereinbaren hiermit und verpflichten uns gegenseitig, dass wir in unserer Beziehung bleiben, bis wir alle 12 Schritte von RCA erarbeitet haben. Wir verspre-chen uns gegenseitig, die Beziehung nicht durch dramatische „Notaus-gänge" wie Scheidung, Selbstmord, Mord oder Wahnsinn zu verlassen, in unser altes Suchtverhalten zurückzufallen oder uns in irgendeiner Weise zu verhalten, die diese Verpflichtung sabotieren würde.

Wir vereinbaren und verpflichten uns außerdem, miteinander einen Zeitplan für die Erarbeitung der 12 Schritte zu erstellen und uns an die-sen Zeitplan zu halten, bis die Schritte-Arbeit abgeschlossen ist.

Da der Erfolg dieser Selbstverpflichtung von unserer Ehrlichkeit ab-hängt, verpflichten wir uns beide, während der Dauer dieser Vereinba-rung ehrlich und aufrichtig zu uns selbst und unserem Partner zu sein.

Unterschrift   Datum

Unterschrift   Datum

Macht zwei Kopien: eine für jeden von euch. Zu diesem Zeitpunkt kann ein allgemeiner Zeitplan für die Arbeit mit den Schritten erstellt werden, z. B. „Alle Schritte bis zu diesem oder jenem Datum beendet haben." Oder: „Jeden Monat einen Schritt arbeiten." Wie viel Zeit solltet ihr euch geben? Wie viel Zeit wollt ihr euch nehmen, bis eure Beziehung schmerzfrei, geheilt und intakt ist? Einigt euch.

MUSTERVERTRAG FÜR
NEUE VERHALTENSWEISEN

Ich, _____, stelle fest, dass ich folgende Verhaltensweise(n) ändern möchte: _____. Anstelle dessen beabsichtige ich _____ und ich bitte dich, mir liebevoll zu helfen, für diese Veränderungen Verantwortung zu übernehmen.

Unterschrift   Datum

Unterschrift   Datum

LITERATURNACHWEIS

1. *Anonyme Paare in Genesung: Ein Zwölf-Schritte-Programm für Paare*; 2018, 1. Ausgabe, S. 65
   (Deutsche Übersetzung von: *Recovering Couples Anonymous: A Twelve Step Program for Couples*, 1996, 4th Edition.)

2. Übersetzt aus das Englischen: Robert Bly, *Loving A Woman In Two Worlds*, New York: Harper & Row Publishers, 1987, S. 19. Abgedruckt mit Genehmigung von Robert Bly.

3. Nike Inc. mit Sitz in Beaverton, Oregon, ist ein amerikanisches Unternehmen, dessen Hauptprodukte Sportschuhe, -bekleidung und -ausrüstung sind. Der Werbeslogan von Nike, "Just do it", (übersetzt hier als "Mach es einfach!") wurde 1988 eingeführt und gilt als einer der erfolgreichsten Werbeslogans der jüngeren amerikanischen Geschichte. Dieser Slogan zapfte erfolgreich den Fitness-Wahn der 1980er und 1990er Jahre an.

4. Bonnie Parker (1. Oktober 1910 - 23. Mai 1934) und Clyde Barrow (24. März 1909 - 23. Mai 1934), als eingeschworenes Paar bekannt, waren berüchtigte Gesetzlose, Räuber und Kriminelle, die mit ihrer Bande während der Großen Depression des 20. Jahrhunderts, zwischen 1931 und 1934, durch den Mittleren Westen der Vereinigten Staaten zogen. Die Bande soll unter anderem mindestens neun Polizeibeamte getötet haben.

5. *Anonyme Alkoholiker*, Erste Ausgabe, 2009 "In die Tat umgesetzt", S. 96-97 (Deutsche Übersetzung von:Alcoholics Anonymous, Dritte Ausgabe, 1976)

6. *Anonyme Paare in Genesung*, S. 71-72

7. Dem Karrikaturist Walter "Walt" Kelly wird zugeschrieben, diesen Satz in leicht abgewandelter Form in *The Pogo Papers*, Copyright 1952-53, geschrieben zu haben, aber er verwendete das Zitat "We Have Met The Enemy and He Is Us" zum ersten Mal auf einem Plakat für den Tag der Erde im Jahr 1970.

8. Nicholas Hall, MD, Ph.D., Vortrag am Suncoast Institute of Noetic Sciences, Clearwater, Florida am 19. Januar 1996. Dr. Hall erhielt einen Doktortitel in Neurowissenschaften von der medizinischen Schule der Universität von Florida. Er hat von den National Institutes of Health geförderte Forschungen auf dem neuen Gebiet der Psychoneuroimmunologie durchgeführt und war zuletzt außerordentlicher Professor an der medizinischen Fakultät der George Washington University in Washington, D.C.

9. *Heilige Bibel*, Neues Testament, Lukas 17:5-6

10. *Anonyme Paare in Genesung*, S. 22

11. Übersetzt aus den Englischen: Elisabeth Kubler-Ross, *On Death And Dying*, New York: Macmillan Publishing Company, 1969.

12. Übersetzt aus den Englischen: Noah Webster, *Webster's Twentieth-Century Dictionary of the English Language*, Cleveland, Ohio: World Syndicate Publishing Company, 1935.

13. "Bill's Geschichte", *Anonyme Alkoholiker*, S. 15

14. Übersetzt aus den Englischen: Webster, *Webster's Twentieth-Century Dictionary Of The English Language*, 1935.

15. Übersetzt aus den Englischen: Webster, *Webster's Twentieth-Century Dictionary Of The English Language*, 1935.

16. *Heilige Bibel, Neues Testament*, Lukas 11:9-10

17. *Anonyme Alkoholiker*, S. 87-88

18. *Heilige Bibel, Altes Testament,* Numeri 6:24-26

19. Übersetzt aus den Englischen: Webster, *Webster's Twentieth-Century Dictionary of the English Language,* 1935.

20. Khalil Gibran, *Der Prophet.* Ausgabe Walter Verlag, 1973, Düsseldorf und Zürich, S.24-26

21. *Anonyme Paare in Genesung,* S. 71

22. *Alcoholics Anonymous,* S. 96-97

23. "Northern Exposure" war eine mit dem Peabody Award ausgezeichnete CBS Fernsehserie von 1990 bis 1995.

24. Übersetzt aus den Englischen: Webster, *Webster's Twentieth-Century Dictionary Of the English Language,* 1935.

25. Übersetzt aus den Englischen: Webster, *Webster's Twentieth-Century Dictionary Of the English Language,* 1935.

26. Dr. Michael Ryce, Rt. 3, Box 247, Theodosia, MO, 65761. (417) 273-4838 R 1987.

27. Geschrieben von Diane und Glenn A. für Paare.

Zeitfracht Medien GmbH
Ferdinand-Jühlke-Straße 7
99095 Erfurt, Deutschland
produktsicherheit@kolibri360.de